Christel Scholze

KlingelZeichen-Geschichten

Geschichten NACH dem Klingel-Zeichen

Interviewprotokolle

Bibliografische Information der Deutschen Nationalbibliothek:
Die Deutsche Nationalbibliothek verzeichnet diese
Publikation in der Deutschen Nationalbibliografie;
detaillierte bibliografische Daten sind im Internet
über http://dnb.d-nb.de abrufbar.

Die größte Kulturleistung eines Volkes sind die zufriedenen Alten.

(Japan)

Inhalt

Vorwort

Am Beginn standen Giselas Idee eines Seniorenbesuchsdienstes und ihre Hartnäckigkeit, diese umzusetzen. Meine Idee, diese Erzählungen zu veröffentlichen, entstand während einer Weihnachtsfeier, als einige Seniorenbetreuer über die Erlebnisse während ihrer ehrenamtlichen Besuche erzählten. Wir, das sind inzwischen 44 Mitstreiterinnen und Mitstreiter. 2010 haben wir zu viert in Halle-Neustadt (*Ha-Neu*) begonnen.

Unsere Gesellschaft altert zunehmend. Schön für den einen, der es geniest den Tag nicht mehr fremdbestimmt zu beginnen, jedoch vereinsamt und teilweise beschwerlich für den anderen, der damit nicht zurechtkommt. Mit unserem Projekt *Seniorenbesuchsdienst KlingelZeichen* versuchen wir neue Lebensqualitäten zu schaffen. Der Anfang war getan und entwickelte sich sehr schnell zum Selbstläufer.
Inzwischen haben wir eine zweite Gruppe gebildet. Gisela stellt die ersten Kontakte für den Bereich Ha-Neu und ich im Raum Halle her. Nach unseren sogenannten *Erstgesprächen* wäh-

len wir einen möglichst passenden Besucher aus unserer Gruppe aus.

An dieser Stelle sei auch ausdrücklich Frau Petra Friebel, einer außerordentlich engagierten Mitarbeiterin der *GWG-Halle-Neustadt*, gedankt.

Es zeigte sich, dass der Bedarf an Zuwendung und Kommunikation recht groß ist. Die Angst, sich nach außen und gegenüber Fremden zu öffnen, ist jedoch noch größer. Diese Barriere galt und gilt es zu überwinden, dann hat man gewonnen.

Inzwischen haben wir gewonnen – auf beiden Seiten. Es ist ein Geben und Nehmen und die Freude steht immer im Mittelpunkt.

Wir wünschen uns viele Nachahmer in ganz Deutschland, um unserer Gesellschaft etwas mehr Wärme zu geben. Wir wollen alle lange leben, aber nicht wirklich alt werden, und haben Angst vor Abhängigkeit und Einsamkeit.

Christel Scholze

Brettspielraucher

Gisela, 72 Jahre

Ich habe durch meine frühere Berufstätigkeit viele vereinsamte ältere Menschen kennengelernt. Meine Idee war, ihnen die Einsamkeit zu nehmen und ihnen das Gefühl zu geben, dass Menschen für sie da sind und ihnen auch zuhören können.

Mit meinen Vorstellungen bin ich zur *Freiwilligenagentur* gegangen, um meine Idee dort mit Oliver Daffy zu besprechen. Er war sofort begeistert. Wir machten Nägel mit Köpfen und nahmen Kontakt zum *Bürgerladen* in Ha-Neu auf. In einer geselligen Kaffeerunde stellten wir dort unsere Idee vor. Es meldeten sich gleich zwei Interessenten, die dann von mir zu Hause besucht wurden. So hat alles angefangen. Meine Vorstellungen waren, noch viele weitere Freiwillige zu finden sowie Senioren, die unser Angebot annehmen.

Anfang 2010 waren wir fünf Freiwillige. Wir hatten die Vision, dass, wenn genügend Anfragen kämen, wir auch eine Gruppe in Halle etablieren würden. 2012 begann diese Gruppe am

Luther-Platz mit ihrer Arbeit. Heute sind wir 25 Freiwillige in Ha-Neu und achtzehn in Halle; leider überwiegend Frauen, die Männer trauen sich nicht.

Ich führe die Erstbesuche in Ha-Neu durch. Oliver meldet mir die Senioren, die besucht werden möchten. Ich melde mich telefonisch an, stelle mich vor und vereinbare einen Hausbesuch. Wenn ich dort sitze und den Senioren kennenlerne, dann schwirrt in meinem Kopf schon herum, wer aus unserer Gruppe zu diesem speziellen Menschen passen könnte. Meistens klappt es dann auch so, wie ich es mir vorgestellt habe. Es kommt sehr selten vor, dass die Chemie zwischen den beiden doch nicht stimmt. Dann gibt es einen weiteren Versuch mit einem anderen Freiwilligen. Wenn wir unser monatliches Projekttreffen haben, werden Probleme angesprochen oder auch lustige Episoden erzählt, die man so während der Besuche erlebt.

Ich selbst betreue zwei Senioren. Eine Dame besuche ich alle zwei Wochen. Sie wartet schon immer sehnsüchtig darauf, dass ich komme. Sie liebt Brettspiele und das Rauchen, aber wir unterhalten uns auch gerne. Dabei erzählt sie oft über ihre Besuche bei ihren Kindern. Zwischendurch wird dann auch einmal eine Zigarette auf dem Balkon geraucht. Ich erfülle ihr mit den Besuchen ihre größte Freude. Ihr Ehemann kann in dieser Zeit Wege erledigen oder fährt einfach mal mit dem Rad los. Des Weiteren entlaste ich bei einem schwerst pflegebedürftigen Mann die Ehefrau. Ich ermögliche ihr mit meinen Besuchen ein paar unbeschwerte Stunden und fühle mich dabei immer gut.

Meine Familie ist mein Glück, neben meinen recht zahlreichen Freunden und meinem Ehrenamt. Ich möchte nicht nur in den Tag hineinleben, sondern noch nützlich sein. Am besten so, dass auch ich daraus einen Gewinn erziele. Die Freude, die ich anderen bereiten kann, und die Dankbarkeit, die mir dabei entgegengebracht wird, macht diese Tätigkeit besonders schön. Bedürftigen Menschen Lebensfreude zu schenken erfüllt mich sehr. Das ist ein Gefühl des Gebrauchtwerdens.

In unserer Gruppe fühlen wir uns miteinander sehr wohl. Wir sind sozusagen eine *gute Truppe*. Es läuft so, wie ich es mir ursprünglich vorgestellt habe. Ich hätte nie gedacht, dass sich so viele Freiwillige für die Mitarbeit melden. Manchmal bekomme ich auch Anrufe von Senioren, die sich für die Vermittlung bedanken, mir erzählen wie schön es ist besucht zu werden. Das ist für mich natürlich auch ein ganz großes Dankeschön.

Anerkennung in der Öffentlichkeit ist schon ein Thema. Man sollte die Arbeit einzelner vorstellen und würdigen. Als Auszeichnung für meine Idee war ich zum Sommerfest bei unserem Bundespräsidenten Herrn Gauck eingeladen.

Ich wünsche mir besonders, dass meine Familie und ich gesund bleiben, damit ich noch vielen Menschen Freude bereiten kann, dass unser Projekt weiterhin so gut läuft und sich ganz viele Freiwillige für diese ehrenamtliche Tätigkeit engagieren. – Denn was wir heute geben, werden wir hoffentlich eines Tages bei Bedürftigkeit selbst einmal zurückbekommen.

Blaue Lederjacke und ein Gläschen Sekt

Dorothee, 66 Jahre

Ich genieße meinen Ruhestand. Am Morgen sitze ich gerne gemütlich mit meiner Zeitung bei einer Tasse Kaffee und schaue über die Dächer von Halle. Das ist für mich Glück. Harmonie im Leben und der Familie ist schön, aber nicht um jeden Preis: Man muss alles ansprechen können, ohne das jemand gleich gekränkt ist, wenn Kritik kommt.

Trotz genüsslichen Ruhestandes habe ich gedacht, jetzt könnte ich etwas tun, was ich mir selbst aussuche und das mir Freude bereitet. Ich habe mich auf der Messe *Herbstzeitlose* umgesehen. Dort wurde für die Seniortrainerausbildung geworben. An der habe ich dann teilgenommen. Ich hatte die Vorstellung, ein eigenes Projekt zu entwickeln, vielleicht ein Erzählkaffee zu eröffnen. Das war mir dann aber wieder eine zu große Abhängigkeit. Man muss immer vorbereiten, immer parat stehen und verfügbar sein.

Der Seniorenbesuchsdienst sollte in dieser Zeit aufgebaut werden. Ich habe mich gemeldet und bin heute noch dabei. Ich finde es wichtig, sich zu engagieren und nicht nur in den eigenen vier Wänden zu sein. Verändert hat mich meine ehrenamtliche Tätigkeit insofern, dass ich einen anderen Blickwinkel auf die Stadt Halle, speziell Halle-Neustadt und die Silberhöhe bekommen habe. Ich hatte mich mit diesen Stadtteilen vorher nie beschäftigt und mich überwiegend im Zentrum von Halle bewegt.

Ich besuche eine 86 jährige Dame in Halle-Neustadt. Ich muss also mit Straßenbahn und Bus zu ihr fahren. Das finde ich auch sehr spannend. Ich besuche sie jeden Freitag. Für mich ist das sehr angenehm, weil ich diesen Tag danach einrichten kann. Dann verbringen wir so zwei bis vier Stunden miteinander.
Als ich sie das erste Mal besucht habe, bin ich sehr entspannt zu diesem Besuch gegangen, weil ja auch gesagt wurde, die Chemie zwischen beiden muss stimmen. Ich glaube, sie war viel aufgeregter als ich. Gut finde ich, dass im Vorfeld immer ein Erstgespräch geführt wird. Danach wählen Gisela beziehungsweise Christel eine möglichst passende Besucherin aus.
Ich habe ihr also gesagt, was ich mir so vorstelle, was wir zusammen machen könnten, dass

ich nicht für Saubermachen und solche Sachen zuständig bin. Das war ihr auch sehr recht. Das war ja so herrlich bei meinem ersten Besuch bei ihr. Ich habe ihr auch unser Projekt *Bücherboten* vorgestellt, die Bücher ins Haus bringen. Da sagte sie: „Ach, ich habe so viele Bücher, ich muss jetzt erst mal meinen Goethe lesen.« Da war natürlich sofort eine gewisse Ebene da, über die ich auch froh war.

Sie hat dann etwas aus ihrem Leben erzählt und ich aus meinem, aus welchem Umfeld ich komme, dass mein Mann Pfarrer war und sich jetzt auch im Ruhestand befindet. Da wurde sie sehr still. Sie ist eine sehr vorsichtige Frau und möchte keinem auf die Füße treten. »Ach«, sagte sie, »ich sage es jetzt einfach wie es ist: Mit der Kirche habe ich nichts am Hut.« Da musste ich sehr lachen. »Ich werde sie nicht missionieren«, war meine Antwort. In diesem Moment, habe ich begriffen, dass es auch in dieser Richtung Ängste und Bedenken gibt. Das sich da vielleicht irgendwelche Sekten Zugang zu den Menschen verschaffen. Das war aber ja nun geklärt und wir haben für das nächste Treffen einen Termin ausgemacht.

Ich rufe sie immer freitagmorgens an und wir vereinbaren die Zeit für unser Treffen. Sie freut sich jedes Mal. Sie ist immer ganz positiv motiviert, wenn ich komme. Wir sitzen erst mal und plaudern bei einem Gläschen Sekt. Wenn schönes Wetter ist, dann schlage ich ihr einen Spaziergang vor. Ihr fällt dann immer ein, dass sie unbedingt noch etwas am Computer wissen wollte – sie hat nämlich von ihrem Sohn einen Computer geschenkt bekommen. Ich sage dann: »Nein, das machen wir, wenn wir vom Spaziergang zurückkommen.« Ach, dann möchte sie noch lieber ein Gläschen Sekt trinken. Also …

sie versucht nach Möglichkeit nicht spazieren zu gehen, obwohl sie selbst sagt: »Ich bin so eine Faule. Aber wenn ich dann draußen war und gelaufen bin, dann bin ich doch froh, dass ich was gemacht habe.«

Wir haben schon gemeinsam Schuhe eingekauft, waren zusammen in der *Neuen Residenz*. Jetzt waren wir sogar abends zusammen im Ballett und ich hatte sie auch schon mal bei mir zu Hause.

Vor anderthalb Jahren druckste sie wieder so herum, wie damals, bei ihrer Einstellung zur Kirche. Dann kam die Frage: »Ach, darf ich *Dorothee* zu dir sagen?« Na klar durfte sie das. Ich bin immer mal wieder in das *Sie* reingerutscht und da hat sie gesagt: »Du musst noch viel lernen, das musst du noch ein bisschen üben.« Sie selbst hat sich nicht einmal versprochen. Da dachte ich: Das wird schon eine ganze Weile in ihrem Kopf rumgegeistert sein, ehe sie es ausgesprochen hat.

Das ist also ein sehr liebenswertes Verhältnis geworden. Was ich sehr schön finde ist, dass nie ein: »Ach, jetzt gehst du schon, bleib doch noch ein wenig«, von ihr kommt. Stattdessen sagt sie jedes Mal: »Ach, es war so schön, dass du da warst.« Dann gehe ich ganz beschwingt nach Hause und komme auch gerne wieder.

Bevor ich sie besuchte, hat sie nach dem Tod ihres Mannes sehr zurückgezogen gelebt. Das Verhältnis zu ihrem Mann war sehr innig. Jetzt hat sie einen Pflegedienst, der sie versorgt, und jemanden der sauber macht. Nun hat sie für sich selbst entdeckt, wie schön das Leben sein kann, eigenverantwortlich den Tag zu gestalten, so wie es ihr gefällt. Sie bestellt voller Freude neue Sachen in Katalogen bis hin zu dieser blauen Lederjacke und diversen Blusen. Ich berate sie gerne und wir haben viel Freude dabei. Sie empfindet das alles als herrlich. Das Leben ist wieder lebenswert für sie geworden. Seit ich sie besuche, geht sie auch wieder alleine nach draußen. Sie kennt ihre Grenzen, sie wird schnell müde und richtet ihre Unternehmungen danach ein. So besuche ich sie nun schon zweieinhalb Jahre.

Also einen Senioren zu besuchen, da hatte ich bisher nie Bedenken, das ist immer drin.

Ich hatte dann noch ein Ehepaar. Eigentlich sollte ich ihn besuchen. Sie hat mich aber mehr beansprucht als er. Beide waren schwerst gehbehindert und ich war dann nur dazu da, sie auf dem Weg in die Stadt zu begleiten. Das war immer sehr abenteuerlich mit Rollator, zwei Gehilfen und schweren Wurstpaketen, die ich dann geschleppt habe. Das hat immer sehr lange gedauert. Dazu kam, dass es mal zu glatt und mal zu windig war. Sie hatten eigentlich auch sehr viele Leute, die sich um sie kümmerten. Ich habe ihnen gesagt: »Rufen sie mich an, wenn sie mich wieder brauchen.« Sie haben bis heute nicht wieder angerufen. Da hatte sich das für mich erledigt.

Also die eine Dame, mehr möchte ich jetzt auch nicht mehr übernehmen. Ich würde dann wirklich an Grenzen stoßen. Ich arbeite auch noch in der Gemeinde mit. Wir haben auch unseren großen Freundes- und Bekanntenkreis.

Etwas Freizeit für mich möchte ich auch noch haben.

Trotz allem fühle ich mich überhaupt nicht benutzt. Ich müsste es ja nicht machen und ich finde, man sollte auch mal etwas tun ohne dafür einen finanziellen Ausgleich zu erwarten. Wenn ich dann auch noch merke, dass der andere ganz glücklich damit ist, dann bin ich auch glücklich. Deshalb brauche ich nicht irgendwelche Entlohnung dafür. Ich finde mich überhaupt nicht ausgenutzt.

Ich selbst habe keine Angst vor Einsamkeit im Alter. Ich kann mich sehr gut alleine beschäftigen und es macht mir nichts aus alleine zu sein. Ich gehe alleine ins Kino oder Theater. Ich muss nicht immer jemanden im Schlepptau haben. Meinen Freundeskreis möchte ich aber auf keinen Fall missen. Da kann ich jederzeit landen.

Wie das im Alter sein wird? Wir haben eine gewisse Langlebigkeit in der Familie. In Würde alt werden heißt für mich, zu seinem Alter zu stehen und nicht so zu tun, als würde man alles wissen und können, dass man auch stückweise Abschied nehmen kann von bestimmten Selbstverständlichkeiten. Dass man einfach akzeptiert, dass man älter wird. Geht es an manchen

Tagen nicht so gut, dann sollte man nicht zum Jammerlappen werden, sondern es einfach akzeptieren wie es ist. Ich möchte noch ein paar schöne Reisen unternehmen. Große Projekte habe ich nicht mehr im Kopf. Ich schreibe unsere Familienchronik, aber ohne Anspruch auf ein großes Werk.

Was ich hinterlassen möchte? Ich stelle mir lediglich vor, dass man später mal zu bestimmten Zeiten oder Anlässen an mich denkt. Das hätte die Mutter jetzt so gemacht oder sie hätte das jetzt so gesagt. Ich möchte keine Berge mehr erklimmen oder Flüsse durchschwimmen. Ich hatte einen sportlichen Beruf als Physiotherapeutin, aber ich treibe nicht gerne Sport. Ich schwitze nicht gerne, ich gehe auch nicht in die Sauna. Ich sitze gerne im Kneipchen, trinke mein Bier und schwatze. Das ist mir viel lieber.

Mein Freundes- und Bekanntenkreis kennt meine ehrenamtliche Tätigkeit. Sie finden das alle klasse. Manche könnten sich das für ihren Ruhestand auch vorstellen. Ich erzähle dann, dass es ganz viele verschiedene Projekte gibt. Man muss nicht unbedingt zum Besuchsdienst gehen. Jeder sollte seine Spielwiese finden. Wie zum Beispiel die Vorlesepaten – was ich mir für mich auch sehr gut vorstellen könnte; nicht nur Kindern, sondern überhaupt vorlesen.

Anerkennung in der Öffentlichkeit brauche ich für mein Ehrenamt nicht. Ich mache das nicht für die anderen – ich mache das für mich selbst. Ich kann dieses Gedöns zum Ehrenamt in der Öffentlichkeit überhaupt nicht nachvollziehen. Das ist mir so was von wurscht. Hauptsache, für mich ist das in Ordnung und für den, den ich besuche. Ich brauche es doch nicht zu machen. Ehrenamt ist Ehrenamt. Da brauche ich nicht noch pausenloses Schulterklopfen.

Was ich in dieser Welt ändern möchte ist: Frieden, länderübergreifend. Uns geht es gut, aber was sehen wir täglich für Bilder im Fernsehen.

Gesundheit ist viel, aber nicht alles. Man kann auch mit Krankheiten gut umgehen. Sollte ich mal schwer erkranken, wünsche ich mir, dass mein Umfeld zu mir steht, dass sie mich nicht meiden, mich weiter besuchen kommen und ich dann in Frieden auch gehen darf, dass sie mich loslassen.

Ich wünsche und hoffe, dass meine Gerda noch lange bei bester Gesundheit bleibt. Sollte sie einmal in ein Pflegeheim kommen, dann würde ich sie auch dort weiter besuchen und sie auch bis zu ihrem Ende begleiten. Ich bin, glaube ich, ein sehr treuer, beständiger Mensch und renne nicht gleich bei Schwierigkeiten davon. Ich fühle mich in der Rolle mit ihr sehr wohl. Sie nimmt mich so wie ich bin. Wir sind zufrieden und glücklich miteinander.

Das hat Gisela gut gemacht mit uns beiden.

Zwei Butterkekse am Mittwoch

Silke, 25 Jahre

Es war ein schöner Wintertag, die Sonne lachte und ich saß auf meinem Fahrrad, um mich mit Christel an der *Villa Frosch* zu treffen. Heute war der Tag, an dem ich mit meinem *Seniorenbesuchsdienst* beginnen konnte. Ich war voller Erwartungen, hoffte auf viele tolle Erfahrungen, war ein wenig gespannt und ein wenig aufgeregt, aber auch ein Gefühl von Freude empfand ich.

Ich bog um die Ecke, traf Christel, stellte mein Fahrrad ab und wir begaben uns zusammen auf die Suche nach Charlotte – mehr als den Namen kannte ich bis dahin nicht von ihr, und ihre Adresse natürlich, aber das sagt ja noch nicht besonders viel über einen Menschen aus.

Die *Villa Frosch* ist zum einen ein Alten- und Pflegeheim, zum anderen gibt es einen Bereich des betreuten Wohnens, wo auch Frau H. eine kleine Wohnung hatte, wie wir von einer der Pflegerinnen erfuhren. Christel und ich befanden uns zu der Zeit noch im Bereich des Alten-

und Pflegeheimes, wir waren also zuerst einmal am falschen Ort gelandet. Die Bewohner des Alten- und Pflegeheims saßen fast alle im Aufenthaltsraum, der Fernseher lief und sie verfolgten das Geschehen auf dem Bildschirm mehr oder weniger intensiv. Ich erinnere mich noch daran, dass ich die Stimmung als traurig und bedrückend empfand, man hörte kaum ein Geräusch, geschweige denn ein Lachen. Am liebsten wäre ich gleich da geblieben oder hätte zumindest jedem von ihnen einen Besuch abgestattet, aber abgesehen von meiner freien Zeit neben dem Studium und der Arbeit hätte die Woche gar nicht so viele Tage.

Eine Pflegerin zeigte Christel und mir dann den Weg zu Frau H. Wir gingen durch den Wintergarten und das Kaminzimmer zum Aufzug. Da kam uns eine alte Dame im Rollstuhl entgegen. Sie erwartete uns schon sehnsüchtig und mit einer unübersehbaren Freude. Sie wiederholte immer wieder: »Ich freu mich ja so auf sie.« Da war sie nun, meine *Freiwilligen-Oma*, wie ich sie immer liebevoll nenne. Im Nachhinein haben mich viele gefragt, ob ich nervös oder aufgeregt gewesen sei. Meine Antwort lautete stets: »Nein, Christel war dabei und ich freute mich auf die alte Dame.«

Während unseres Kennenlernens erfuhren wir, dass Charlotte weder richtig hören noch wirklich etwas sehen konnte. Hörgerät und Brille waren für sie auch keine Unterstützung mehr. Nachdem wir ihr brüllend erklärt hatten, wer wir waren und warum wir da waren, kam sie aus dem Strahlen gar nicht mehr heraus – und genau dieses Strahlen ist einer der vielen Gründe, warum ich mich jedes Mal wieder auf den Mittwoch freue. Diesen Termin vereinbarten Christel und ich nämlich für meine Besuche bei Charlotte.

Dann plauderten wir noch ein wenig miteinander. Charlotte erzählte ein wenig aus ihrem Leben, das immerhin schon 95 Jahre andauerte, und ich erzählte ihr ein wenig aus meinem. In dieser Zeit blühte sie regelrecht auf und das sollte sich auch an den folgenden Nachmittagen nicht ändern. Charlotte und ich haben uns bisher gegenseitig wunderbare Nachmittage beschert; wir gingen spazieren, haben *Mensch ärgere dich nicht* gespielt, ich habe ihr vorgelesen oder wir haben uns einfach nur unterhalten. Dabei war das Kaffeetrinken ein Teil des Pflichtprogramms, inklusive zweier Butterkekse.

Die Flucht und Helmut Schmidt

Christel, 59 Jahre

Frau B. wohnte gerade zehn Tage in Halle, als sie sich bei uns meldete. Sie suchte jemanden, der sie besuchen würde, einen Gesprächspartner. Da war sie bei uns an der richtigen Adresse.

Ich stellte wie immer den ersten persönlichen Kontakt her, um zu erfahren, was ihre Vorstellungen und Wünsche an den Besuchsdienst waren. Sie wohnte in der vierten Etage eines alten Bürgerhauses. Ich fragte mich beim Aufstieg, wie eine Dame von 91 Jahren hier rauf kam.

Ich versuchte meine Atmung wieder zu normalisieren, als mir eine kleine gepflegte Dame die Tür öffnete. Im Verlauf unseres Gesprächs fragte ich nach, ob sie denn die Treppen noch schaffe. »Selbstverständlich es dauert nur etwas länger«, war ihre Antwort. Bewundernswert, dachte ich.

Aber es sollte noch beachtlicher werden: Frau B. wurde aus ihrer Wohnung von Hamburg zu ihrem Sohn nach Essen umgezogen – aus einer großzügigen Wohnung in zwei kleine Zimmer mit Küche und Bad. »Alles hat er mir abgenommen, überallhin wurde ich gefahren, viermal am Tag kam der an und hat mir beim Essen zugesehen. Das macht man doch nicht.«

Das macht man wirklich nicht. Irgendwann kehrt sich das Erziehungsverhältnis einfach um. Eltern meinen es immer gut mit ihren Kindern. Später meinen es die Kinder immer gut mit ihren Eltern. Alles nur aus reiner Fürsorge. Der Generationskonflikt bleibt: das selbst bestimmte Leben.

Krieg, Verhaftung der Eltern ohne Rückkehr, Vertreibung, Arbeitslager in Russland, Nachkriegszeit und Neuanfang – all das hat Frau B. selbst gemeistert, bis zu ihrem Umzug: da waren ihre Aktivitäten plötzlich von 100 auf 0 heruntergefahren und fremdbestimmt. Das war für die kleine zierliche Dame zu viel: »Von Juni bis Dezember habe ich darüber nachgedacht, wie ich hier wegkomme«.

Am 30.12. war es dann soweit: Sie bestellte sich ein Taxi und fuhr von Essen nach Halle. In Halle hatte sie vor langer Zeit dieses alte Bürgerhaus geerbt. Hier hatte sie für sich eine Wohnung mit dem Notwendigsten eingerichtet. Wenn sie in Halle etwas zu erledigen hatte, wohnte sie da. Sie rief immer denselben Taxifahrer, der sie vom Bahnhof abholte und auch zu den Behörden fuhr. Diesen Taxifahrer hatte sie nun nach Essen bestellt. Sie hatte keinen Menschen eingeweiht und meldete lediglich am Abend ihrem Sohn telefonisch »Ich bin angekommen.« Mit 91 Jahren – eine Meisterleistung in meinen Augen. Es gibt also noch mehr aktive Alte, außer meinem großen Vorbild Helmut Schmidt, die sich nicht in das betreute Altwerden einordnen wollen.

Da saß sie nun und hatte Gewissensbisse. »Ich habe einen Fehler begangen, ich bin ohne Abschied gegangen. Das tut man nicht.« Sie brauchte Zuspruch und Rat. Da ich selbst überaus freiheitsliebend bin und alle guten Ratschläge sofort als Bevormundung empfinde, sprach ich ihr meine uneingeschränkte Hochachtung für diesen Schritt aus. Es tat ihr sichtlich gut.

»Fühlen sie sich hier wohl?«, fragte ich sie.

»Ja, hier fühle ich Leben.«

»Sind sie angekommen?«

»Noch nicht.«

»Was wollen sie tun?«

»Würden sie zurückgehen?«, fragte sie mich.

»Nein«, antwortete ich.

»Ich danke ihnen sehr.«

Ihr Sohn warf ihr vor, undankbar zu sein. Er hatte sich in den nächsten Tagen zu Besuch angemeldet. Vor diesem Gespräch war ihr bange. Er konnte ihre Beweggründe nicht verstehen. Sie wollte das Verhältnis zu ihrem Sohn nicht belasten. Ich riet ihr, einen Brief zu schreiben – mit all ihren Gedanken und den Befindlichkeiten, die sie hatte. Daran hatte sie auch schon gedacht. Unser Gespräch verlief über zwei Stunden äußerst interessant. Es hat ihr auf jeden Fall sehr gut getan. Sie bedankte sich sehr herzlich und etwas erleichtert.

Ich hatte große Hochachtung vor dieser wunderbaren selbstbewussten Dame.

Das Gespräch mit ihrem Sohn verlief unerwartet positiv. Wahrscheinlich hatte ihre spektakuläre Flucht auch bei ihm etwas Nachdenken ausgelöst. Sie durfte also auch mit seinem Segen in Halle bleiben.

Wenn man in dieser Form so alt werden kann, dann möchte ich das auch. Auch mit 90 hat man noch Träume und Visionen. Werden diese jedoch öffentlich, läuft man Gefahr beim Nervenarzt zu landen. Es sei denn, man heißt Helmut Schmidt.

Flut und Wut

Christel, 59 Jahre

Herr L. hatte sich bei uns telefonisch gemeldet, weil er allein in seinem Haus lebte und sich Unterhaltung wünschte. Ich meldete mich zum Hausbesuch an und erlitt einen leichten *Kulturschock*, wie er es selbst nannte. Es war Oktober, überall war Laub, auch im Haus bis in die Zimmer. »Ich bin naturverbunden, mich stört das nicht,« war seine Begründung. Ich bin auch naturverbunden, das hört aber bei Herbstlaub im Wohnzimmer auf.

Ich hatte trotz seiner Beschreibung das Haus nicht gleich gefunden. Es war völlig zugewachsen und ich sah es nicht als bewohnt an. Die Klingel ging auch nicht. »Sie müssen einfach reinkommen«, meinte er dazu.

Das Erstgespräch dauerte vier Stunden. Es war kein Gespräch, sondern ein Monolog; begonnen mit seiner doch recht misslichen Situation bis hin zum Hunger in der Welt. Ich war nach den vier Stunden geplättet und hatte einen Kopf wie ein Luftballon. Dazu kam, dass das Haus in der

Flut 2013 untergegangen war und die Spuren noch deutlich sichtbar waren. Es roch nach einer Mischung aus muffigem Kellergewölbe und kaltem Zigarettenqualm. So roch ich nun auch.

Aus unserer Gruppe der Seniorenbegleiter konnte ich dieses Umfeld keinem zumuten, auch den Anfahrtsweg nicht. Also blieb er an mir hängen.

Sein Wohnort liegt am Weg zu meiner Arbeitsstelle. Nun besuche ich ihn einmal in der Woche. Inzwischen hat er mich akzeptiert, in Grenzen natürlich. In ganz, ganz kleinen Schrittchen versuche ich etwas Struktur in sein Wohnumfeld zu bekommen. Ich bin schon froh, wenn ich ein paar alte Tüten wegwerfen darf. Auch das Laub gibt es nur noch vor dem Haus. Das sind eigentlich nicht unsere Aufgaben, aber ich kann einfach nicht zusehen, wie er im Chaos versinkt. Selbst finanzielle Angebote der Krankenkasse hat er einfach ignoriert. Auch hier habe ich eingegriffen und ein Bett besorgt – er schlief seit Monaten auf der Couch, weil er das Obergeschoss nicht mehr erreichte –, mich mit dem Pflegedienst getroffen und weitere Notwendigkeiten abgesprochen.

Aber alles war ein langer Kampf. Alle Vorschläge wurden erst mal mit: »Brauche ich nicht mehr«, abgeschmettert. Steter Tropfen höhlt den Stein. Also immer wieder auf die gleiche Stelle, bis er einverstanden war. Ein harter Kampf und er nannte mich *Nervensäge* oder auch mal *Mutter Theresa* – je nach seinen momentanen Befindlichkeiten. Wir haben aber auch zusammen gelacht, was bei ihm selbst zur Verwunderung führte.

Erstaunlicherweise kocht er jeden Tag für sich. Er ernährt sich sehr bewusst und achtete auf gute Produkte. Die Einkäuferin, die er beauftragt, beneide ich nicht. Ein sehr schwieriger alter Herr von 80 Jahren. Er ist der gleiche Jahrgang wie Udo Jürgens, hat er gesagt, und: »Sehen sie mal, wie der drauf ist. Ich dagegen bin ein Wrack.« Was sagt mir das? Körperliche Eitelkeiten bis ins hohe Alter. Er ist gebildet, hatte eine Leitungsfunktion und hadert nun mit seinem körperlichen Verfall. Insbesondere mit seiner desolaten Wohnsituation.

Im Haus steht alles noch über- und durcheinander wie während des Hochwassers. Ihm fehlte die Kraft, das alles wieder bewohnbar zu machen. Dieses Haus zu verlassen hatte er während der Flut abgelehnt und wird es bis an sein Lebensende nicht tun. Er könnte sich wahrscheinlich eine Seniorenresidenz vom Feinsten leisten, aber: *Braucht er nicht, so was, wo alle nur auf den Tod warten.*

Die Beziehung zu seinen drei Kinder scheint schwierig. Das beschäftigt ihn und ist oft Gegenstand unserer Gespräche. Auch, dass er Weihnachten alleine verbringen musste. Man hätte das absprechen müssen, war auf einer Karte zu lesen.

Weihnachten ist unser größtes Familienfest mit feststehendem Termin. Ist es nicht irgendwann an der Zeit, dass Kinder etwas selbstlos zurückgeben, von dem, was sie von den Eltern empfangen haben? Leider höre ich oft von solchen familiären Situationen. Ich denke dann an meine eigenen Eltern und bin froh, dass wir es besser gemacht haben. Wir waren fünf Geschwister und waren für unsere Eltern da. Zum Beispiel Weihnachten, mit Vaters Gänsebraten und handgeformten Thüringer Klößen, war einfach ein Muss. Der Zeitpunkt kam und wir Kinder haben beschlossen, dass wir lange genug bekocht wurden. Im ersten Jahr meinte unser Vater seinen eigenen Gänsebraten noch mitbringen zu müssen, dann hat er sich gefügt und das gemeinsame Gänseessen fand bei uns Kindern statt.

Kinder, nehmt doch eure Eltern einfach so wie sie eben sind, solange ihr sie noch habt. Sie haben uns doch auch die Windeln gewechselt, egal wie die gerade rochen. Ohne sie wären wir nicht auf dieser Welt.

Ich begrenze jetzt die Besuche bei Herrn L. auf zwei Stunden, länger kann ich ihn nicht belasten. »Sie sind so flink, ich kann ihr Tempo nicht mithalten«, meint er immer. Muss er ja nicht, ich mache ja schon. Es ist sehr anstrengend und es bedarf viel Fingerspitzengefühls, mit ihm umzugehen. Wenn ich gehe, ist nicht nur er müde. Aber wenn ich donnerstags wieder hinfahre freue ich mich trotzdem, weil ich ja seine Freude und Dankbarkeit zu sehen glaube. Wenn ich beruflich verhindert bin und nicht kommen kann, dann ist er traurig. Selbst ein Anruf freut ihn schon und dann bin ich auch zufrieden. Auf seine sehr eigene Art und Weise zollt er mir ja Anerkennung und ist froh, dass es mich gibt. Er wollte auch schon gläubig werden deswegen, obwohl wir uns darüber verständigt haben, dass wir beide bekennende Atheisten sind.

Was habe ich erreicht? Er ist nicht mehr so verbittert und zornig. Er hat Vertrauen aufgebaut und lässt sich beraten. Das war am Anfang

unserer wundersamen Gemeinschaft nicht möglich.

Otto und die aufgeschnittenen Brötchen

Gesine, 71 Jahre

Nachdem ich nicht mehr gearbeitet habe, war ich eine Zeit lang bei der Telefonseelsorge. Über eine Bekannte hörte ich von der *Seniorenbegleiterausbildung* der *Freiwilligenagentur*. Weil ich dieses Angebot gut fand, habe ich mich dafür gemeldet. Durch diese Ausbildung bin ich zum *KlingelZeichen* gekommen.

Mein allererster Kontakt über den Besuchsdienst war durch Gisela vorbereitet und wir sind zusammen zu meiner ersten Dame gegangen, die ich betreuen sollte. Ich war positiv überrascht. Von der Art her haben wir sofort harmoniert. Wir konnten uns wunderbar unterhalten. Ich habe auch einige Wege für sie erledigt oder bin mit ihr zum Arzt gefahren. Diese Verbindung fand ich so richtig toll. Wenn ich sie besucht habe, dann sollte ich Kuchen mitbringen, »aber bitte ordentlichen«. Sie meinte damit: »Aber bitte mit Sahne.« Ihre Astrologin hatte ihr gesagt, sie würde 100 Jahre alt, aber leider hat sie das nicht geschafft.

Ich finde das Ehrenamt ist eine sehr gute Sache. Man bekommt eine ganz andere Sicht auf das Alter. Ich bin ja auch nicht mehr die Jüngste und finde, es bringt einem auch selbst sehr viel. Glück ist bei dieser Arbeit, wenn die älteren Leute sich über den Besuch freuen, offen mit einem umgehen und auch vertrauen. Man bekommt ein ganz anderes Selbstwertgefühl.

Ich besuchte eine Dame, die nicht viel älter war als ich. Sie hatte es im Leben nicht leicht gehabt und dadurch sehr abgebaut. Es war jedes Mal eine Motivationsarbeit, sie immer wieder aufzurichten. Sie ließ sich sehr gehen.
Wir stammten aus der gleichen Wohngegend und haben unbewusst fast zusammen gespielt. Dadurch hatten wir viel zu erzählen. Sie ist auch etwas aus ihrem sogenannten *Tief* herausgekommen. Vergangenes Jahr ist ihre Tochter verstorben und das hat sie total zurückgeworfen – sie hatte wieder einen Schlaganfall. Ich habe alles versucht, um ihr zu helfen. Wir waren sogar mal eine kleine Runde spazieren. Sie hat sich immer nur angezogen, wenn sie wusste, dass ich komme. Ansonsten hat sie den ganzen Tag gelegen und nichts gemacht. Sie nahm auch die verordneten Medikamente nicht ein.

Nach einem Krankenhausaufenthalt wurde es schwierig mit ihr. Anfangs hat sie mich gar nicht erkannt, wenn ich sie besucht habe. Dann kam sie zur Kur und dort wurde Krebs festgestellt. Der Sohn wollte sich bei mir melden, wenn sie wieder da wäre. Für sie war ich der Lichtblick der Woche. Das hat sie mir auch mal so gesagt. Auch mit ihr war es eine gute Sache, das muss ich ehrlich sagen. Es war anstrengend, aber man ging mit dem Gefühl, dass man jemanden wieder von blöden Gedanken abgebracht hat.

Ich gehe auch noch zu einer anderen Dame, die schon längere Zeit liegt. Sie reagiert eigentlich nicht mehr. Sie besuche ich aber schon eine ganze Weile und gehe auch weiter hin. Ich erzähle ihr, was ich in der ganzen Woche gemacht habe und freue mich, wenn wirklich mal eine Reaktion zurückkommt. Auf die Frage: »Na wie geht's«, sagt sie: »Gut.« Ich weiß dann: sie hört es, sie begreift und sie bekommt alles mit. Wenn ich sage: »Ich komme nächste Woche wieder«, und sie nickt, dann ist das schon toll. Ich bin die Einzige, die sie besucht. Sie hat noch einen Sohn, aber der kommt ganz selten.

Jetzt habe ich eine ganz neue Erfahrung mit einer jüngeren behinderten Frau. Sie ist spastisch gelähmt. Sie hat bisher bei ihrer Mutter gewohnt und in den Behindertenwerkstätten gearbeitet. Über den Behindertenverband hat sie jetzt eine eigene Wohnung bekommen. Sie ist im Kopf topfit, aber in ihrem Tätigkeitsfeld eingeschränkt. Sie hat verkrüppelte Hände, kann schlecht laufen und benutzt einen Rollator. Sie möchte sich manchmal in Russisch mit mir unterhalten. Ich versuche auch das. Die Mutti war Lehrerin.

Es ist immer eine Herausforderung, mich von ihr nicht ausnutzen zu lassen. Man kommt mit der Vorstellung dorthin: *eine junge Frau, behindert, ach Gott wie schlimm, der muss man doch helfen.* Sie versteht es wunderbar das auszunutzen. Zu lernen eine Grenze zu setzen, das war vollkommen neu für mich.

Ich habe sie einmal zu einem Spaziergang herausgelockt, da hat sie den ganzen Weg nur geschimpft. Also keine Spaziergänge mehr. Wir gehen auch manchmal zusammen einkaufen, das ist natürlich auch eine Herausforderung. Da bin ich dann immer sehr erstaunt und angenehm überrascht, wie die Verkäuferinnen auf sie eingehen. Wahrscheinlich ist sie früher schon mit

Mutti dorthin gegangen. Die Brötchen werden ihr aufgeschnitten und die Wurstpakete gebracht. Ich mag die *Kaufhalle* eigentlich nicht, aber wie die Verkäuferinnen dort auf sie eingehen, das finde ich einfach toll. Der Einkauf dauert dann stundenlang; dies gefällt ihr nicht, die Eier will sie nicht und so weiter. Wenn wir dann zurückkommen und ich ihr alles in den Kühlschrank packen will, dann ist der Kühlschrank voll. Ich habe ihr schon mal eine Liste gemacht, was alles im Kühlschrank drin ist, weil sie zum Beispiel Kuchen holt, den sie gar nicht essen kann. Der Kühlschrank ist voller Leberwurst, aber sie kauft immer wieder neue Leberwurst. Sie fühlt sich dadurch bestätigt, dass sie alleine einkaufen kann. Sie kauft auch laufend neue Putztücher, aber die alten wäscht sie in der Waschmaschine. Das hat ihre Mutter auch so gemacht. Da muss ich mich dann zurücknehmen und sagen: *Wenn sie das so will, lass sie doch.* Das sind alles neue Erfahrungen. Bei alten Leuten sagt man sich: *Das ist eben so eingefahren.* Aber dass *sie* so reagiert, das war neu für mich. Wahrscheinlich ist sie so, weil ihre Mutter so reagiert hat. Ich erlebe so allerhand mit ihr.

Ich bin schon an Grenzen gestoßen und ich habe eine Dame auch abgegeben, der ich nichts recht machen konnte: Es war alles negativ, das muss ich mir nicht antun. Auch bei der jungen Frau habe ich manchmal diese Gedanken. Es ist grenzwertig. Bei ihr fühle ich mich manchmal benutzt. Bei den anderen, die ich betreue, nicht. Eigentlich ist sie auch ausreichend versorgt. Wenn es mir zu viel wird, dann sage ich ihr auch: »Wenn Sie das nicht unterlassen, mich derartig zu kommandieren, dann überlege ich mir, nicht mehr zu kommen.« Dann reißt sie sich eine Zeit lang zusammen. Sie verlangt von mir Arbeiten, die der Pflegedienst beziehungsweise die Haushaltshilfe machen müssten. Wenn ich ihr eine Beschäftigung vorschlage, dann hat sie immer etwas im Haushalt zu tun. »Wir müssen jetzt mal Otto ausräumen.« – Das ist der Geschirrspüler; alle Haushaltsgeräte haben bei ihr Namen. Oder einen Knopf annähen, Wäsche sortieren …

Sie kann auch ihre Zeit nicht planen. Abends um neun Uhr muss sie zum Beispiel saugen. Das gibt dann wiederum Ärger mit den Nachbarn. Es ist recht problematisch mit ihr. Ich gehe trotzdem jede Woche hin. Diese gewonnene Selbstständigkeit ist ihr sehr wichtig, deshalb unterstütze ich sie auch weiter.

Egal ob älter oder jünger: Es ist für niemanden ein Fehler, sich in irgendeiner Weise zu engagieren. Es hilft einem selber und anderen. Man gewinnt eine ganz andere Sichtweise. Ich habe auch vor Jahren eine Demenzkranke betreut. Ich fand den Verlauf dieser Krankheit eine Erfahrung, die ich nicht missen möchte. Durch das, was ich so erlebe, habe ich etwas Angst vorm Alter und ich wünsche und hoffe, dass sich Menschen wie unsere Gruppe finden, die mich dann begleiten.

Wie ich mir vorstelle in Würde alt zu werden? Wenn man den Alltag nicht mehr allein bewältigen kann, dann ist man davon abhängig, wie andere einen behandeln. Wenn man sterben möchte, sollte es akzeptiert werden. *Wir sind eine humane Gesellschaft*, wird dann gesagt. Das *humane* setze ich in Anführungsstriche. Was ist denn daran würdevoll, wenn im Pflegeheim ein junger Mann kommt und eine alte Dame entkleidet und wäscht? Das ganze Schamgefühl geht flöten. Was hat das mit Würde zu tun? Die Sicherheitskontrolle am Flugha-

fen zum Beispiel darf nach meinem Kenntnisstand bei mir nur eine weibliche Angestellte
vornehmen – und im Pflegeheim ist das anders?
Ich wünsche mir für diese Welt weniger
Arbeitslosigkeit. Wie sollen junge Akademiker,
die von *Harz IV* leben, eine Rente erarbeiten?
Wie soll diese Altersgesellschaft mal aussehen?
Davor habe ich Angst.

Für mich wünsche ich mir, dass ich gesund
bleibe und es noch ein wenig so weitergeht wie
bisher. Mein größter Traum ist eine Reise nach
Kanada. Das kann ich mir aber leider nicht leisten. Im Wanderverein, in dem ich bin, wird
mein Engagement sehr anerkannt. Man bittet
mich auch um Rat in Fragen der Betreuung und
Verhaltensweisen im Alter. Sie finden das sehr
gut, was ich mache. Anderen würde ich raten,
man sollte einfach mal ausprobieren etwas Ehrenamtliches zu tun.

Der HFC und Schokoladenberge

Ursula, 63 Jahre

Ich war arbeitslos geworden. Nachdem ich zur Ruhe gekommen war, zu Hause alleine, dachte ich: *Du musst was Sinnvolles tun.* Früher habe ich in der Altenpflege gearbeitet. Die *Arbeitsagentur* hat mir empfohlen, mich bei der *Freiwilligenagentur* zu melden. Man muss das aber nicht tun. So bin ich zum *KlingelZeichen* gekommen. Ich war auch gerade nach Ha-Neu gezogen und kannte keinen. *Vielleicht*, so dachte ich, *lernst du so auch andere Menschen kennen.* Das habe ich erreicht. Ich empfinde das Miteinander der Gruppe als sehr schön. Man fragt auch mal nach, wie es einem geht.

Also gehe ich raus und komme unter Menschen. Man muss der Isolation vorbeugen. Gemeinsam etwas zu erleben macht einfach mehr Spaß. Ich kann auch Tipps geben, durch meine frühere Tätigkeit.

Ich betreue eine siebzigjährige sehbehinderte Dame, die in einer betreuten Wohnanlage lebt. Sie hat keine Kinder und ihr Mann ist auch schon verstorben. Ich gehe mit ihr einkaufen und auch auf den Friedhof. Dort legt sie dann Blumen unter den Baum, an dem ihr Mann bestattet ist und sagt: »Ich komme auch bald.« Sie ist oft traurig, dass sie nun so schlecht sieht. Sie müsste auch ein Sauerstoffgerät tragen, aber dazu ist sie zu eitel und findet immer Ausreden, damit sie es nicht mitnehmen muss.

Vor meinem ersten Besuch bei ihr hatte ich mir vorgenommen, alles einfach auf mich zukommen zu lassen. Es hat auch gleich gut geklappt mit uns. Sie sagt, sie freut sich immer, wenn ich komme. Das weiß ich und merke es auch. Sie hat in Bad Dürrenberg Verwandte und deshalb hat sie sich dort für einen Pflegeplatz angemeldet. Dann könnte ich sie nicht mehr besuchen. Die Fahrtkosten kann ich leider nicht tragen.

Ich gehe jeden Montag zu ihr. Wir hören Musik und unterhalten uns über alte Zeiten. Ich bin ihr Gesprächspartner. Wir telefonieren und treffen uns auch mal außerhalb der Einrichtung. Wir sind viel unterwegs. Durch meine Besuche kann ich ihr auch über manches Tief hinweghelfen, in das sie manchmal fällt, wenn ihr Zustand sich wieder verschlechtert. Wir sind miteinander sehr zufrieden. Sie geht gerne in die Oper und ist ein ganz großer Fan des HFC. Sie hat alle

Fan-Artikel zu Hause. Sie hatte auch immer eine Dauerkarte und noch kein Spiel verpasst.

Das geht nun alles nicht mehr so einfach. Für alle Unternehmungen braucht sie eine Begleitung. Sie hadert mit ihren zunehmenden körperlichen Einschränkungen. Sie möchte möglichst alles alleine machen und hat ein Problem damit, dass manches nicht mehr so geht wie sie es möchte. Aber sie unternimmt auch noch Reisen und *verlebt* ihr Geld, wie sie sagt. Das Reisebüro geht da sehr auf ihre Bedürfnisse ein. Oder der Blindenverein kümmert sich um sie. Sie ist total wissbegierig und interessiert an vielen Dingen.

Außerdem besuche ich noch einen Herrn in Ha-Neu. Er lebt in einer betreuten Wohngemeinschaft. Das hat sich auch gut entwickelt mit uns. Er ist geistig noch sehr rege, sitzt aber im Rollstuhl. Er besucht auch alleine eine Begegnungsstätte in Ha-Neu und sagt dann auch mal einen vereinbarten Termin ab. Ich richte mich da ganz nach ihm. Er geht zu jeder Feier, die in der Begegnungsstätte stattfindet. Er fühlt sich dort so ein bisschen wie ein Hahn im Korb und geniest das auch.

Ansonsten bin ich dienstags bei ihm. Wir gehen auch mal zusammen einkaufen und Kaffee trinken. Er geht gerne einkaufen und sagt mir genau, was er möchte – vorher aber Eisessen, das muss sein. Er ist ein ganz Süßer. Er hat einen enormen Bedarf an Schokolade. Er ist 77 Jahre alt. Seine Kinder und Enkel besuchen ihn, er ist zufrieden. Er genießt sein Leben.

Ob ich mich benutzt fühle? Manchmal fühle ich mich schon benutzt, aber nicht von denen, die ich besuche. Da ist es ein Geben und Nehmen. Bei den Besuchen bin ich noch nie an meine Grenzen gestoßen. Nervlich ist es schon anstrengend.

Ich selbst habe keine Angst vor dem Altern. Ich lasse es auf mich zukommen. Man weiß ja nie wie es kommt. Ich gehe auch zum Sport und fühle mich seitdem viel wohler.

Durch die ehrenamtliche Arbeit bin ich viel offener geworden und kann auch besser auf Menschen zugehen als früher. Es fördert einen auch selbst. Was soll ich alleine zu Hause. Solange ich es kann, muss ich etwas tun und unter Leute. Ich muss das Gefühl haben, gebraucht zu werden.

Ich bin nicht gläubig, aber jeden Dienstag sind Vorträge im Bibelzentrum. Die finde ich interessant. Trotz *Harz IV* kann ich mir das leisten.

Ich bin sehr sparsam. Ich würde gerne mal schön verreisen. Nicht teuer, aber vielleicht in eine schöne Gegend.

Manche verstehen nicht, dass ich umsonst arbeite. Ich sage dann: *Das Geld ist mir da unwichtig, es macht mir einfach Spaß.* Ich bekomme *Harz IV*, also Geld vom Staat, und möchte dafür auch etwas tun. Durch die *Arbeitsagentur* wird dieses Ehrenamt auch anerkannt. Man registriert, dass ich noch etwas tun möchte. Ich finde sowieso keine Arbeit mehr. Ich will gebraucht werden. Es war mir ein Graus, dass ich meine Miete nicht mehr alleine bezahlen konnte. *Harz IV* ist auch so negativ belegt. Ich wollte einfach etwas zurückgeben. Auch die Nebenkosten versuche ich gering zu halten. Früher habe ich mal gut verdient. Dann kam die Wende und man musste sich neu orientieren. Ich habe noch mal eine komplette dreijährige Ausbildung als Altenpflegerin gemacht. Ich wollte das unbedingt und habe mich da reingekniet. Ich habe da gerne gearbeitet, aber ich konnte dann die körperlichen Belastungen nicht mehr aushalten.

Ich möchte mehr Gerechtigkeit in der Pflege; mehr Miteinander zugunsten der Heimbewohner, egal welche Arbeiten gemacht werden müssen.

Mehr Gerechtigkeit auch in der Gesellschaft. Es ärgert mich, wenn ich einen Euro Fahrgeld nachweisen muss und andere Millionen beim Kirchenbau verschwenden. Und mehr Schutz und Unterstützung für Menschen, die nicht jede Falle erkennen, die ihnen im Alltag bewusst gestellt werden. Die aufgrund ihrer minderen geistigen Fähigkeiten ausgenutzt werden.

Auf den Hund gekommen

Elvira, 58 Jahre

Ich war arbeitslos und gerade auf dem Markt-
platz unterwegs, da sah ich einen Stand der
Freiwilligenagentur und habe mich erkundigt.
Ich wollte meine Freizeit sinnvoll verbringen.
Den *Seniorenbesuchsdienst* fand ich passend für
mich. Ich bin selbstbewusster, gesprächiger und
offener geworden durch diese Arbeit und habe
mich zum Positiven entwickelt. Ich empfinde es
als Glück, wenn ich zu meiner Seniorin gehe
und ihr helfen kann, von ihren trüben Gedanken
zu lassen, sie wieder zum Lachen bringen kann.
Vor meinem ersten Besuch bei ihr hatte ich den
Wunsch: *Hoffentlich passt das mit uns.* Inzwischen ist sie wie eine Mutter für mich. Ich habe
keine eigene Mutter mehr, aber ich kann mich
mit ihr über alles unterhalten.
Nach einer gewissen Zeit hat sie mir sehr viele
private Dinge von sich erzählt, was sie so bewegt in der Familie. Ich erzähle auch viele Sachen von mir. Sie gibt mir dann auch mal einen
Tipp oder sagt, was sie darüber denkt. Das hilft
mir auch sehr.

Ich habe eine kurze Zeit lang auch noch eine andere Dame besucht. Wir haben uns nicht wirklich verstanden und ich habe mich da auch nicht wohlgefühlt. Es war nur Pflicht; das sollte es nie werden. Wir haben das in unserer Gruppe besprochen und die Dame wird von einer anderen Betreuerin besucht.

In meinem Ehrenamt fühle ich mich nicht benutzt. Ich habe inzwischen wieder Arbeit gefunden und besuche *meine Seniorin* trotzdem weiter. Ich möchte das auch unbedingt. Wir haben ein Vertrauensverhältnis aufgebaut und ich würde sie enttäuschen. Wenn ich merke, dass sie müde wird, dann gehe ich. Ich dränge mich nicht auf.

Je älter ich selbst werde, desto öfter kommt da manchmal die Angst: *Hoffentlich bist du nicht alleine im Alter.* Auch die Gesundheit ist wichtig. Dass jemand da ist, der einem zur Seite steht und auch die Familie, die Kinder vor allem. Man hat sie großgezogen und möchte, dass sie dann auch für einen da sind. Da gibt es ja viele Enttäuschungen. Das ist auch mein größter Wunsch, dass meine Kinder dann für mich da sind.

Über meine ehrenamtliche Tätigkeit spreche ich eigentlich nicht. Meine Kinder haben ihre eigenen Probleme. Manche fragen mich: *Warum tust du das, so ohne Geld?* Das ist aber meine Sache.

Bei einem meiner Besuche habe ich mal über meinen Hund erzählt und *meine Seniorin* gefragt, ob ich ihn mitbringen darf. Nicht jeder mag das. »Na, bringen sie mal den Hund mit«, hat sie gesagt. »Gut, wenn sie einverstanden sind, bringe ich ihn mit.« Ich habe ihr gesagt, dass er aus dem Tierheim ist und nicht alle Menschen mag. Ich habe ihn mitgenommen und er hat sich sofort mit ihr angefreundet. Sie mochte ihn auch gleich. Inzwischen ist es so, dass immer eine Leckerei bereitsteht wenn wir kommen. Mindestens sechs Wiener Würstchen oder etwas anderes. Wenn wir kommen, geht er inzwischen sofort in die Küche und schaut nach seinem Futter.

Sie ist total begeistert von ihm. Er bewacht sie auch und hat von Anfang an nicht geknurrt, was er sonst oft bei Fremden tut. Er merkt sofort, wer es gut mit ihm meint. Ich denke, er erkennt das Innere eines Menschen. Sie ist ein guter Mensch, hat viel erlebt und er spürt das.

Wir gehen nicht immer am gleichen Tag zu ihr. Ich rufe vorher an und wir verabreden uns. Wenn es dann losgeht, weiß er aber sofort, wo wir hingehen. Er freut sich, fängt an zu ziehen und kennt genau die Richtung.

Sie hat noch einen Sohn in Rostock. Er ruft jeden Tag an und erkundigt sich nach ihr. Das ist ein Beispiel wie es auch sein kann, trotz einer größeren Entfernung. Ihr jüngster Sohn wohnt in Halle und besucht sie gar nicht. Auch die Schwiegertochter und Enkelin nicht. Das betrübt sie sehr. Früher hat sie die Enkeltochter oft mit in den Urlaub genommen. Nun besteht kein Kontakt mehr. Das meine ich mit *traurigen Familiengeschichten*, die keiner erleben möchte. Wenn ich sie besuche und merke, dass sie diese Sache wieder sehr belastet, dann versuche ich sie aufzurichten und ihr etwas Freude zu bereiten. Ich erzähle ihr eben auch mal mein Leid aus meiner Familie. Das ist für uns so der Idealfall. Es ist wirklich ein Mutter-Tochter-Verhältnis geworden.

Anfangs war ich jede Woche da. Dann habe ich gemerkt, dass es ihr zu viel wurde. Ich habe sie darauf angesprochen. Sie wollte mir nicht weh-tun. Ich bin für einen offenen Umgang miteinander. So verabreden wir uns jetzt wie es passt.

Zweimal in der Woche besuche ich noch eine demente Dame im Pflegeheim. Bei ihr geht es nur darum, dass mal jemand da ist. Ihre Tochter wohnt weit weg und hat von unserem Besuchsdienst gehört. Ich bleibe etwa eine Stunde und rede mit ihr. Ich sehe dort im Heim, dass die Zeit fehlt, sich mit den Menschen individuell zu beschäftigen. Die meisten sitzen nur einfach da. Das wäre auch noch ein Wunsch von mir: Hier könnte man auch etwas ändern, finde ich. Mehr Wärme und ein liebenswürdiger Umgang für jeden.

Ich arbeite jetzt in einer betreuten Wohnanlage für behinderte Jugendliche. Da fehlt es einfach an Personal. Die jungen Leute müssten besser gefördert, die Beschäftigung individueller abgestimmt werden. Die vorhandenen Fähigkeiten sind bei jedem anders. Die Arbeit macht mir großen Spaß und die Jungendlichen sind sehr dankbar.

Ich selbst möchte noch mal was erleben, mal raus. Nicht immer nur Wohnung/Garten. Mehr kann ich mir im Moment aber nicht leisten. Anderen möchte ich mitteilen: *Denkt daran, dass wir alle mal älter werden und Hilfe brauchen.* Ich wünsche keinem Altersarmut und dass jeder einen Begleiter bis zum Tod hat.

Klaviermusik im MARTHAHAUS

Petra, 56 Jahre

Seit 2004 bin ich bereits ehrenamtlich tätigt. Ich habe an der Weiterbildung der *Freiwilligenagentur* zum *Seniorenbegleiter* teilgenommen. Dadurch bin ich zum *KlingelZeichen* gekommen.

Ich bekam durch die *Freiwilligenagentur* einen Anruf, dass eine ältere Dame eine Begleitung suchte. Sie wohnte in einer Gegend, wo ich zur Schule gegangen bin. Irgendwie haben wir uns schon am Telefon sofort verstanden. Ich habe sie dann auch gleich selbst besucht, ohne den sonst üblichen Erstbesuch.

Die Chemie vom Telefon hat auch in natura sofort gestimmt. Sie ist 90 Jahre alt und hat bis vor Kurzem noch alleine zu Hause gelebt. Durch ihre behandelnde Ärztin wurde ihr geraten, sich um einen solchen Besuchsdienst, wie den unseren zu bemühen. Sie rief daraufhin bei der *Freiwilligenagentur* an.

Im vergangenen Jahr wurde sie krank und zog ins MARTHAHAUS. Obwohl es dort sehr viele Beschäftigungsmöglichkeiten gibt, möchte sie nicht, dass der Kontakt zwischen uns abbricht. Vorher bin ich jede Woche zu ihr gegangen. Sie hatte dann sehr genaue Vorstellungen, wo sie hingehen wollte, wie Museumsbesuche, Rentnertreffen oder Kirchennachmittage. Ihre ganz besondere Vorliebe ist das Straßenbahnfahren. Sie möchte sehr gerne wieder mit der Straßenbahn durch Halle fahren. Das klappt noch nicht so wirklich.

Wir sehen uns monatlich. Sie möchte dass ich sie zu ihrem Kirchennachmittag begleite. Sie bestellt ein Taxi und wir fahren gemeinsam dahin. Ich werde von den anderen auch ganz freundlich aufgenommen.

Als ich das erste Mal zu ihr gegangen bin, habe ich alles auf mich zukommen lassen. Wir hatten uns ja am Telefon schon darüber verständigt was sie sich vorstellte. Das entsprach auch dem, was ich so gedacht habe. Das hat sofort und gleich gepasst. Ihr ganz großes Ziel waren eben die Straßenbahnfahrten zum Markt. Ich kann mit ihr so noch mal das erleben, wie damals mit meiner Lieblingstante. Sie zeigt mir in Halle wo ihr Haus war, wo sie gearbeitet hat, wo ihr Garten war und solche Sachen. Wir diskutieren auch mal tagesaktuelle Dinge und Erlebnisse im Heim. Manchmal hat sie Probleme mit den dementen Heimbewohnern und deren Verhaltensweisen. Das muss sie immer bei mir loswerden. Sie bedauert auch sehr, dass sie all ihre Zeugnisse nicht mehr hat. Beim Umzug ins Heim hat ihre Nichte sie entsorgt. Nun hat sie darüber geredet und dann ist es auch gut. Sie trauert jetzt nicht ewig Dingen nach, die sie nicht mehr ändern kann. Sie nimmt viele Veranstaltungen im Heim war und wird sogar in einem Programm Klavier spielen. Das macht sie stolz und sie hat da viel Freude dran.

Sie schüttet mir auch mal ihr Herz aus und ich höre dann zu. Sie meldet sich, wenn sie wieder besucht werden möchte. Ich rufe sie wöchentlich an und erkundige mich nach ihr. Sie hat mich richtig ins Herz geschlossen. Ich werde überall vorgestellt, egal ob Taxifahrer oder wo wir sonst hingehen. Ich bin ihre Begleitung und gehöre dazu. Ich kann mir vorstellen, dass ich sie auch bis zu ihrem Ende begleite. Sie organisiert noch alles selbst und bittet mich auch mal um einen kleinen Einkauf auf dem Markt bei ihrem Lieblingsgemüsehändler.

Sobald der Gedanke in mir aufkäme, dass ich benutzt werde, würde ich sofort aufhören. Aber in meinem Fall gar nicht. Mir macht das, was ich tue, sehr viel Spaß, sodass der Gedanke ausgenutzt zu werden, nicht kommt. Andere meinen, warum tust du das ehrenamtlich, du steckst da deine Zeit rein. Das könnten doch auch andere gegen Geld tun. Dann sage ich: *Ja, das stimmt, aber ich mache es gerne.* Ich komme mit anderen Menschen zusammen und da kommt die Frage gar nicht in mir auf.

Meine Botschaft an die Öffentlichkeit wäre: Man sollte auch als Älterer immer noch mal etwas ausprobieren, wie zum Beispiel ein Ehrenamt. Es gibt für jeden ein Gebiet, auf dem er sich betätigen kann. Jeder hat im Laufe seines Lebens Kompetenzen erworben und wenn es nur Kaffeekochen ist. Ich selbst habe auch schon in verschiedenen Projekten nur mal zeitweise mitgearbeitet.

Vor dem Altwerden habe ich keine Angst. Wenn ich körperlich fit bleibe ist das schön und wenn nicht, dann sehe ich das Pflegeheim als Weg. Ich habe genug Umfeld und keine Angst vor Einsamkeit. Ich arbeite aber auch bewusst dagegen an. Ich schaffe mir soziale Netzwerke. Ich finde, dass jeder Partner in einer Beziehung auch etwas Eigenes behalten sollte. Ohne den anderen etwas unternehmen.

Als Ziel für mein Leben habe ich einen Besuch in der Felsenstadt Petra in Jordanien. Das ist mein ganz persönlicher Traum. Ich freue mich aber hauptsächlich an den Dingen, die alltäglich passieren.

Glück ist für mich mein Enkel, den ich aufwachsen sehe, und der Krokus, den ich im Park entdecke. So die ganz kleinen Dinge. Oder wenn ich mit lieben Menschen zusammen bin und gute Gespräche führen kann. Ich brauche keine großen Geschenke, für die viel Geld ausgegeben wird.

Mein Bekanntenkreis findet mein Engagement toll. Es gibt aber auch einige, die nicht verstehen können, warum ich das ohne Geld tue. Ich werde auch öfter gefragt, wie man zu einem Ehrenamt kommt. Wenn ich erzähle, was ich mache, überzeuge ich alleine durch meine Euphorie und meinen Spaß, den ich beim Erzählen mit rüberbringe. Damit kann ich andere schon begeistern.

Was ich ändern würde, wenn ich die entsprechende Macht dazu hätte? Wenn ich in dieser

Welt etwas ändern könnte, dann dürfte es keine Kriege mehr geben. Das wäre mein Appell an die Menschheit: Konflikte nicht mit Gewalt auszutragen. Auch die Menschen untereinander sollten sich doch besser verstehen. Man muss nicht immer einer Meinung sein, aber man sollte sich nicht gleich die Köpfe einschlagen.

Meine ehrenamtliche Tätigkeit hat mich sehr verändert. Ich bin ganz anders geworden. Ich habe viel gelernt, gehe aus mir raus. Kann vor anderen reden, egal ob es drei oder dreißig sind. Das konnte ich früher überhaupt nicht. Ich kann ungezwungener auf andere Menschen zugehen. Auf jeden Fall habe ich mehr Selbstbewusstsein gewonnen. Ich bin ausgeglichener und toleranter geworden. Solange ich irgendwie kann, werde ich das so weitermachen. Wenn ich es nicht mehr kann, dann hoffe ich, dass andere dann auch zu mir kommen.

In Würde alt zu werden ist für mich, so lange selbstständig zu leben, wie möglich. Alles so machen zu können, wie ich es will. Geht das nicht mehr, möchte ich nicht in irgendeine Ecke geschoben, sondern liebevoll mit netten Worten umsorgt werden.

Trudchen spricht wieder

Erika, 71 Jahre

Ich war bereits ehrenamtlich im ambulanten Hospizdienst im Einsatz. Parallel dazu hatte ich an der Ausbildung zum *Seniortrainer* über die *Freiwilligenagentur* teilgenommen und meldete mich bei den *Sozialpaten* an. Die Arbeit dort verlief nicht wie ursprünglich geplant und so sah ich mich nach einer anderen Beschäftigung um. Ich hörte vom *Seniorenbesuchsdienst*, der gerade im Aufbau war. *Das ist eher das was du möchtest*, dachte ich. Es stand für mich zu diesem Zeitpunkt auch schon fest, dass ich meinen Hospizdienst nach sieben Jahren beenden würde.

Ich betreue nun zwei Damen im Alter von 90 Jahren.
Meine Namensvetterin Erika kann noch selbstständig ihren Haushalt führen. Mit dem Rollator ist sie auf kurzen Strecken mobil. Aber am Wochenende ist sie einsam. Ich besuche sie zweimal im Monat. Wir spielen *Räuberrommé*, trinken zusammen Kaffee und erzählen uns, was in

der Zwischenzeit passiert ist. Wir haben auch schon kleine Ausflüge unternommen.

Die andere Dame, die ich betreue, ist Gertrud. Sie lebt im Seniorenheim. Anfangs bin ich mit Trudchen noch spazieren gegangen. Auf Fragen kamen noch die richtigen Antworten. Das wurde immer weniger. Ich habe die Tochter gebeten einen Rollstuhl für ihre Mutter zu besorgt. Jetzt fahre ich sie. Es ist für uns beide eine große Erleichterung. Die Tochter kümmert sich sehr rührend um ihre Mutter. Sie war mal meine Vorgesetzte. Als ich meine Mutter gepflegt habe, hat sie mir sehr geholfen, Pflege und Berufstätigkeit zu bewältigen. Jetzt schenke ich ihr dafür zwei freie Tage im Monat. Ich entlaste sie, indem ich zweimal im Monat, nach Absprache mit ihr, die Besuche bei ihrer Mutter übernehme.

In Ha-Neu habe ich mal an einer Weiterbildung der Freiwilligenagentur zum Thema *Umgang mit Demenzkranken* teilgenommen. Ein Schwerpunkt dieser Weiterbildung war die Beschäftigung mit Dementen. Ich habe die Tochter angesprochen und sie mitgenommen. Jetzt wird die Mutter durch uns ganz gezielt beschäftigt. Es zeigen sich auch schon kleine Erfolge. Sie kann inzwischen wieder richtige Sätze sprechen und reagiert besser. Ich habe ihr mal eine Aufgabe gestellt: »Trudchen, wenn ich das nächste Mal komme, dann sagst du bitte: *Guten Tag. Schön, dass du da bist.*« Darauf hat sie geantwortet: »Das ist aber ein langer Satz.« Das war für mich ein wunderbares Erlebnis. Damit sehe ich auch für mich einen Erfolg in meiner Arbeit. An Grenzen bin ich im Besuchsdienst noch nicht gestoßen. Ich hatte aber kürzlich ein Erlebnis mit meiner Erika. Ihre Tochter wohnt in Dessau. Wir besuchen sie auch gemeinsam und haben einen guten Kontakt. Jetzt war die Tochter für längere Zeit in Amerika. Das muss Erika belastet haben. Sie war plötzlich sehr empfindlich. Es kamen von ihr Reaktionen, die ich von ihr nicht kannte. Auch unsere Kommunikation wurde schwierig. Sie ist eine kluge Frau, man kann sich mit ihr sehr gut unterhalten, aber nun wurde es richtig anstrengend. Es gab auch Tränen. Ich konnte am Anfang mit der Situation gar nicht umgehen. Dann fiel es mir wie Schuppen von den Augen: Erika hatte Angst, dass ihre Tochter nicht zurückkommen, dass ihr in Amerika etwas passieren könnte und hatte eine depressive Phase. Als ich das erkannt hatte, konnte ich viel besser auf sie eingehen. Wir haben uns beim Abschied in die Arme genommen. Bis ihre Tochter wieder zu Hause war, habe ich sie mehrmals angerufen, damit sie nicht das Gefühl hatte, alleine zu sein. Zum Frauentag bekam ich von ihr eine wundervolle Karte mit folgendem Reim:

Liebe Erika,
zum Frauentag trinken wir
ein Gläschen Sekt und kein Bier.
Die Zeit, sie hat unsere Freundschaft gebracht,
auch wenn es manchmal ein bisschen kracht.
Ein Dankeschön für all die Liebe,
die hoffentlich noch lange so bliebe.
Herzlichst,
Erika.

Wir haben darauf auch ein Gläschen Sekt getrunken. Die Karte zeigt aber auch, dass wir nicht immer einer Meinung sind, das wird dann in Ruhe geklärt.

Ich betreue sie jetzt schon vier Jahre, darum haben mich ihre Reaktionen so getroffen. Den Umgang damit musste ich lernen. Sie ist in ihrem Berufsleben eine gestandene Persönlichkeit gewesen. Plötzlich muss sie mit Einschränkungen leben. Das zu akzeptieren ist gar nicht so einfach. Ich glaube, da bin ich ihr eine Hilfe.

Ich sage ihr: »Sei dankbar für alles, was du noch kannst, und sei nicht traurig über das, was du nicht mehr kannst.«

Ich habe einfach diesen sozialen Touch. Deshalb kann ich auch nicht sagen, dass mich diese ehrenamtliche Tätigkeit verändert hat. Ich brauche das einfach. Ich könnte auch im Museum Karten abreißen. Ich brauche den Kontakt mit Menschen. Die Arbeit ist doch freiwillig. Ich kann ja auch jederzeit aufhören. Ich fühle mich auch in keiner Weise benutzt. Ich habe da einfach eine andere Einstellung. Das ist eine freiwillige Tätigkeit. Mein Motto ist: »Schau, dass es dir gut geht; wenn nicht, hör auf.« In der Gruppe unseres Besuchsdienstes fühle ich mich sehr wohl. Das brauche ich einfach. Solange ich kann, werde ich es auch tun. Meine beiden Damen werde ich auch nach Möglichkeit bis zum Ende begleiten. Ich kann mit dem Tod umgehen, das habe ich im Hospiz gelernt.

Ich habe mich mit dem Thema *narzisstische Gesellschaft* beschäftigt. Wenn ich nur einen dazu bewegen kann, bei uns mitzumachen, der in dieser Tätigkeit Befriedigung findet, dann haben wir uns ein winziges Stück von dieser Gesellschaft entfernt. Wenn ich andere auf das

Ehrenamt anspreche, dann lehnen das tatsächlich viele ab. Ich kann die Welt nicht ändern, aber einigen das Leben etwas erleichtern. Man kann so etwas nur vorleben und auf einige Nachahmer hoffen. Es macht mir Mut, wenn ich sehe, dass sich auch junge Menschen für das Ehrenamt begeistern lassen. Um die Welt humaner zu gestalten, müsste man die Menschen ändern. Das geht nicht. Also übernehmen wir in gewisser Weise eine Vorbildfunktion. Mehr soziales Miteinander, mehr Rücksicht und Sorge um den Anderen.

Wenn ich mich intensiv mit meinem eigenen Älterwerden beschäftige, dann werde ich depressiv. Also schiebe ich es zur Seite und genieße mein Leben jetzt und heute. Weil ich mir sage: *Ich kann es sowieso nicht beeinflussen. In Würde will jeder alt werden. Ich möchte mein Leben so lange wie möglich genießen.* Ich versuche meine körperliche und geistige Fitness zu erhalten. Ich möchte bis zum Schluss wie ein erwachsener Mensch respektvoll behandelt werden. Sollte einmal der Fall eintreten, dass man mich windeln, füttern und waschen muss, ich aber noch bei klarem Verstand bin, dann wünsche ich mir ein würdevolles, selbst bestimmtes Sterben. Ich weiß, dass dieses Thema eine große Gradwanderung ist, und verstehe auch die Gegner. Bis dahin bleibt mir hoffentlich noch einige Zeit, damit ich mir meine Träume noch erfüllen kann. Manche Träume erfüllen sich nie, bei einigen dauert es etwas länger. Ziele zu haben ist auf jeden Fall schön. Da fühle ich mich noch lebendig.

In meinem Umfeld kennen viele mein Engagement. Viele finden es gut, aber einige lehnen das auch kategorisch ab. Das sind aber erfahrungsgemäß dann diejenigen, die lautstark Hilfe für sich selbst einfordern, wenn es soweit ist. Ich würde mir wünschen, dass das Ehrenamt mehr Anerkennung in der Gesellschaft, von der Allgemeinheit findet. Man muss aber auch die Anzahl der Ehrenamtler sehen. Wenn zum Beispiel jeder eine Freifahrt für die öffentlichen Verkehrsmittel bekäme, wären das wieder Summen, die der Staat nicht bereitstellen kann. Vielleicht aber einmal im Jahr eine kleine Veranstaltung mit ein paar Dankesworten. Das wäre schon schön. Ansonsten müssen nicht alle auf der Straße den Hut vor mir ziehen.
Ich empfehle jedem, es einfach mal auszuprobieren. Es gibt so viel was man tun kann.

Schlagertexte für die Rockröhre

Maggy, 60 Jahre

Ich befinde mich in Altersteilzeit. Mir fiel die Decke auf den Kopf. Nur zu Hause sein, das geht für mich einfach nicht. Freunde haben mich auf die *Freiwilligenagentur* aufmerksam gemacht.

Ich bin zum Beratungsladen gegangen und dort hat man mich sehr gut über alle Einsatzmöglichkeiten informiert. Ich habe mich für den *Seniorenbesuchsdienst* entschieden. Das gibt mir etwas und auch meiner Seniorin. Sie freut sich sehr, wenn ich komme. Ich war erst gestern wieder bei ihr und wir haben sogar gemeinsam gesungen. Sie ist 81 Jahre alt und lebt im Pflegeheim. Sie fühlt sich dort sehr wohl und möchte 100 Jahre alt werden.

Wenn ich komme, wartet sie schon im Eingangsbereich und ich werde ganz herzlich mit Umarmung und Küsschen empfangen. Wir haben uns angewöhnt gemeinsam ihre Fernsehserie anzusehen und danach geht es eine Runde spazieren. Sie genießt die Natur und liebt die frische Luft. Wir spielen auch gemeinsam

Mensch ärgere dich nicht. Sie hat dabei viel Spaß. Ich achte darauf, dass sie auch wirklich selbst zugreift und die Finger bewegt.

Durch ihre Demenzerkrankung ist eine Unterhaltung nicht so gut möglich. Ich stelle ihr Fragen zur Vergangenheit, dann erinnert sie sich manchmal. Sie hat mich sogar mal mit meinem Namen angesprochen. Oft staune ich, was sie noch alles weiß. Bei Volksliedern ist sie erstaunlich textsicher. In der Musik kennt sie sich gut aus. Dann singen wir eben auch mal gemeinsam Volkslieder oder Schlager, obwohl ich eine absolute Rockröhre bin.

Ich bereite mich auf die Besuche bei ihr immer vor und überlege mir Beschäftigungen, die sie noch leisten kann. Man muss bei ihr auch darauf achten, dass man ihr nicht zu viel abnimmt, was sie selbst noch kann, wie zum Beispiel Schuheanziehen.

Sie möchte gerne ein bisschen umsorgt werden. Solche Hinweise bekomme ich dann von ihrer Tochter, die sie besser einschätzen kann. Der Kontakt zu unserem Besuchsdienst ist über die Tochter hergestellt worden. Es hat auf Anhieb schon beim allerersten Besuch mit uns geklappt. Ich habe sie wirklich ins Herz geschlossen.

Sie bekommt auch Besuch von ihren Kindern und Enkeln. Manchmal denke ich dann, es gibt hier im Heim andere Senioren, die gar keinen Besuch bekommen und mich dringender bräuchten. Wenn wir durchs Heim laufen kommen manchmal andere Heimbewohner und möchten mitgehen. Das tut mir dann oft leid. Wirklich einsame Senioren melden sich eher selten bei uns. Selbst im Bekanntenkreis habe ich so einen Fall. Ich weiß, dass sie alleine lebt und nicht mehr alleine die Wohnung verlassen kann. Ich habe ihr unseren Besuchsdienst angeboten. Es kam ein sehr bestimmtes: »Nein, ich möchte das nicht.« Dieses Verhalten mancher Senioren verstehe ich einfach nicht. Was vermuten sie hinter unserem Angebot?

Ich arbeite auch noch einmal pro Woche bei den *Grünen Damen* im *Bergmannstrost* im Bereich der Früh-REHA mit. Dort meinte man mal: »Egal ob sie etwas tun oder nicht, sie bekommen es ja bezahlt.« Man war dann sehr erstaunt, dass ich ehrenamtlich arbeite. Es gab aber auch schon sehr viele Dankesworte.
Ich begleite die Patienten dort meist über einen längeren Zeitraum. Wenn ich dann sehe, welchen eisernen Willen die Patienten entwickeln

und sich wieder aufrappeln, da kann ich mich mit erfreuen und es gibt mir sehr viel.

Ich bin so etwa zwei Stunden in der Woche bei meiner Seniorin und auch die gleiche Zeit im Krankenhaus. Das gibt mir ein gutes Selbstwertgefühl. Ich habe eine Aufgabe, die mich erfüllt. Ich habe mich dabei noch nie benutzt gefühlt. Früher konnte ich nicht auf fremde Menschen zugehen. Heute spreche ich im Krankenhaus Menschen an, was ich früher nie getan hätte.

Angst vor Einsamkeit im Alter habe ich wirklich, ganz ehrlich. Meine Kinder wohnen weit weg. Durch meine ehrenamtliche Tätigkeit versuche ich mir Netzwerke aufzubauen, damit ich nicht wirklich mal ganz alleine bin. Ich rechne doch ganz stark damit, dass ich auch mal einen Besuchsdienst bekomme. Ich bin auch nicht so der Typ, der gerne alleine etwas unternimmt. Ich habe gerne Gesellschaft.
Mein persönliches Glück ist etwas auf der Strecke geblieben. Ich freue mich, wenn es anderen gut geht. Nach meinen Besuchen, egal ob im Pflegeheim oder im Krankenhaus, fühle ich mich schon sehr gut. Ich habe etwas

getan, für mich und auch für andere. Das ist wichtig.

Ich wünsche mir, dass es allen Menschen gut geht, das niemand vereinsamt. Die gravierenden Unterschiede zwischen Arm und Reich würde ich abschaffen. Das möchte ich nicht mit kommunistischen Idealen verstanden wissen. Diese Machenschaften, die in dieser Gesellschaft möglich sind, die ärgern mich. Diese schamlose Ausnutzung der Abhängigkeit älterer Menschen, egal ob Ämter oder Krankenkassen.

Würdevoller Umgang mit dementen Senioren? Ich selbst möchte auch im Pflegeheim meine menschliche Würde behalten und liebevoll umsorgt werden. Das wäre mein Wunsch. Mit zunehmenden körperlichen Einschränkungen im Alter kann ich, glaube ich, umgehen. Ich habe seit Längerem Rückenprobleme. Da geht es mal so und mal nicht so gut. Dann mache ich eben langsamer. Damit kann ich leben und das nehme ich mir auch für die Zukunft vor.

Mein Umfeld kennt mein Ehrenamt und ist teilweise erstaunt, dass es so viele gibt, die sich engagieren. Einige geben aber auch zu, dass sie das nicht könnten, sich so mit älteren Menschen beschäftigen. Es gab auch Unverständnis, das interessiert mich dann nicht.

Ich muss nicht gelobt werden, ich stehe auch nicht gerne im Mittelpunkt. Ich arbeite gerne im Stillen, auch für mich, und das ist so in Ordnung. Die Freude, die ich bei den Menschen, die ich betreue sehe, ist für mich Anerkennung genug. Schön sind natürlich die Dankeschön-veranstaltungen der *Freiwilligenagentur*. Man trifft viele Menschen und vor allem: es sind alles Gleichgesinnte.

Ich möchte alle, die zu viel Freizeit haben animieren, sich für ein Ehrenamt zu interessieren. Sich einfach informieren, ansehen, anhören und aktiv mitmachen. Es gibt so viele unterschiedliche Angebote. Ich hatte mich auch erst für den Bereich *Kinder* interessiert. Meine eigenen Enkel sind weit weg und das kam mir dann wie ein Verrat an meinen Enkeln vor. Ich würde mich nicht um sie, sondern um fremde Kinder kümmern. Vielleicht habe ich mich für den Seniorenbereich entschieden, weil ich schon mit fünfzehn Jahren Vollweise wurde. Ich denke dann: *Es könnte deine Mutti sein, die du betreust.*

Urvertrauen

Carola, 50 Jahre

Zum Ehrenamt bin ich aus eigenem Antrieb gekommen. Ich bin seit zehn Jahren berufsunfähig und habe einfach zu viel Freizeit. Ich habe mich irgendwann entschieden eine unentgeltliche Aufgabe zu suchen, die meinen noch vorhandenen Möglichkeiten und Fähigkeiten entspricht. So bin ich zur *Freiwilligenagentur* gekommen.
Die Beratung im Beratungsladen verlief nicht so optimal. Ich fühlte mich missverstanden und abgewimmelt. Der zweite Anlauf verlief besser. Man hat mich wirklich gut beraten, sich um mich gekümmert und so bin ich zum *Seniorenbesuchsdienst* gekommen. Das war ein Glückstreffer für mich. Es ist das Beste was mir passieren konnte. Ich habe wieder eine Art Anerkennung. Eigentlich wehre ich mich gegen diese Anerkennung. Ich brauche keine Anerkennung. Dieses Dazugehörigkeitsgefühl ist wieder da. Man steht nicht mehr so außerhalb. Ich leiste einen gesellschaftlichen Beitrag. Wenn man zu Hause ist, fallen soziale Kontakte weg, das soziale Umfeld verändert sich, das Gefühl

ist ganz anders. In der Gruppe der Seniorenbetreuer fühle ich mich wohl. Obwohl ich durch meine körperlichen Befindlichkeiten nicht immer an den monatlichen Austauschtreffen teilnehmen kann, gehöre ich dazu.

Ich betreue eine 85-jährige Seniorin. Sie wohnt nach einem Schlaganfall im *betreuten Wohnen*. Sie ist eine sehr große, stolze Frau, sehr agil und wissbegierig. Durch ihre Schwerhörigkeit ist sie im Umgang mit anderen Menschen etwas gehandicapt. Dadurch meidet sie den Kontakt zu anderen und fühlt sich sehr oft allein. Die Kinder haben durch Arbeit und Familie nicht so viel Zeit für sie.

Es war bei uns Liebe auf den zweiten Blick. Beim ersten Besuch war sie noch der Meinung, ich sei für sie zu jung. Ihre Tochter ist älter als ich. Es war etwas ihre Enttäuschung zu sehen. Der zweite Blick von ihr war dann: *Wir verstehen uns, das wird schon.* Heute sagt sie: »Es ist so schön, dass wir uns gefunden haben.« Etwas Schöneres kann einem wohl nicht passieren, als wenn ein älterer Mensch mit 85 Jahren noch mal so sein Herz verschenkt. Die Augen strahlen wenn ich komme und sie lacht mich an. Da kommen schon mal die Freudentränen. Ich habe

keine Oma mehr und da finde ich das eine große Bereicherung für mich.

Wir spielen zusammen Halma oder Karten. Wir
lieben beide das Leben und haben beide Geschichten, die uns verbinden. Sie vertraut mir
sehr viel an, so wie ich auch. Wir haben ein
sehr enges Vertrauensverhältnis entwickelt. Das
Kartenspielen und Spazierengehen sind eigentlich eher nebensächlich. Viel wichtiger ist uns
das Zwischenmenschliche.

Wir sind jeden Donnerstag fest verabredet. Die
Zeit, die wir gemeinsam verbringen gehört dann
auch wirklich nur ihr. Ich bemühe mich dann,
meine eigenen körperlichen Befindlichkeiten
nach hinten zu stellen, weil ich weiß, wie sehr
sie sich auf diese gemeinsame Zeit freut. Für
mich ist das Glück, diese Zuneigung, die da
entstanden ist – was nach unserem ersten Treffen ja nicht so erkennbar war. Was sich entwickeln kann zwischen zwei fremden Menschen,
das finde ich für mich beeindruckend.

Wenn sie sich mal nicht so gut fühlt oder müde
ist, dann legt sie die die Füße hoch und wir
können trotzdem reden. Ich möchte sie begleiten, solange sie es wünscht. Ich glaube aber
beim Sterben könnte ich sie nicht begleiten, das
könnte ich nicht ertragen.

Wir hatten auch einen gemeinsamen Fernseh-
auftritt. *Halle-TV* berichtete über unseren Besuchsdienst. Als ich sie nach ihrem Einver-
ständnis zu diesem Fernsehbeitrag gefragt habe,
hat sie geantwortet: »Was du machst, das mache ich mit.« Dieses Urvertrauen, das sie da in
mich gesetzt hat, das fand ich überwältigend.
Dieses *Ich verlass mich auf dich, das wird gut,
wir schaffen das zusammen.* Dieses Urvertrauen
möchte ich auch nie enttäuschen. Es war für uns
beide ein schönes, aber auch anstrengendes Erlebnis. Wann erlebt man so was noch mit 85
Jahren?

An Grenzen bin ich mit ihr noch nicht gestoßen.
Ich merke, dass man sich oft auch persönlich
zurücknehmen muss. Das betrifft ihr Privatle-
ben. Da vertraut sie mir viel an. Ich würde ihr
da oft gerne helfen, aber ich kann das nicht,
weil es mir einfach nicht zusteht. Das weiß sie
und meidet deshalb auch gewisse Themen. Es
gibt familiäre Sorgen bei ihr, die ich mir anhö-
re. Ich urteile darüber nicht und kann auch nicht
eingreifen, obwohl ich es manchmal möchte. Es
gibt Themen, die ihr sehr wehtun und bei denen
sie immer wieder in Tränen ausbricht. Das sind
meine Grenzen. Ich würde ihr gerne helfen, das
steht mir einfach nicht zu.

Wenn ich von ihr weggehe fühle ich mich gut. Sie tut mir immer ein wenig leid. Ich hätte gern mehr Zeit für sie. Sie hätte es auch gerne, wenn ich öfter käme. Das lässt sich für mich nicht einrichten. Das kann ich körperlich nicht leisten. Dann hätten wir beide keine Freude miteinander. Manchmal ist das Leben eben kein Wunschkonzert. Dieses *einmal in der Woche* ist richtig und nur für sie. Nach unseren zwei bis drei gemeinsamen Stunden fühlt sie sich gut und ich mich auch.

Durch mein Engagement habe ich dieses Gefühl des *Nicht-mehr-gebraucht-Werdens* nicht mehr. Dieser klitzekleine Beitrag, er ist ja nicht groß, nur zwischen zwei Menschen, gibt mir das Gefühl dazuzugehören. Das ist für mich das Positive. Früher habe ich gedacht: *Jetzt bist du krank kannst dieses und jenes nicht mehr.* Freunde wenden sich ab, weil man nicht mehr alles mitmachen kann. Das, was ich tue, ist mein Beitrag, den ich noch leisten kann. Wenn einem das auch noch Spaß macht ... was Besseres kann einem doch nicht passieren.

Der Öffentlichkeit möchte ich mitteilen: *Denkt dran, dass wir alle alt werden.* Es ist erschreckend, wie man mit alten Menschen umgeht. Behandelt sie doch bitte so, wie ihr selbst behandelt werden möchtet. Wenn man in der Öffentlichkeit beobachtet, wie sich manche gegenüber Älteren verhalten, wenn diese in ein Geschäft kommen oder in die Straßenbahn ... da bekommt man Angst vor dem Alter.

Ich selbst möchte nie im Pflegeheim leben. Ich möchte auch für mich selbst bestimmen können, wenn ich mein Leben nicht mehr erträglich finde.

Ich könnte mir vorstellen in einer Art Alten-WG mit meinem Mann zu leben. Jeder hilft dem anderen und man ist nicht allein. Das könnte ich mir gut vorstellen. Das würde mir Spaß machen.

Meine eigenen Wünsche für die Zukunft sind, noch die Rente mit meinem Mann zu erleben. Möglichst viel gemeinsame Zeit, die wir jetzt nicht haben, mit ihm verbringen. Das ist so das Wichtigste. Ich brauche keine großen Autos oder tolle Reisen. Nichts was man mit Geld bezahlen muss.

Den Umgang mit alten Menschen und die Einstellung zu Kindern würde ich ändern wollen.

Insgesamt diesen Hochmut gegenüber der Natur und der Umwelt; die Meinung: *Mir kann nichts passieren, nur anderen.* Die Verschwendung von Nahrungsmitteln. Diese Einstellung vieler: *Was kostet die Welt, mir geht es gut.* Es kann bei jedem plötzlich ganz anders und vorbei sein. Man sollte auch mal an andere denken.

Meine Familie findet mein Engagement sehr gut. Der Donnerstag wird in unserer Familie jetzt der *Omatag* genannt. Eigentlich ist das was ich tue eine Art Egoismus. Ich tue es ja auch für mich und für die Oma – wenn ich ehrlich bin. Im ersten Moment habe ich nur an mich gedacht. Ich habe eine Aufgabe und fühle mich wohl. Wenn man dann jemandem eine solche Freude macht, wie meiner Eva-Maria – was Schöneres gibt es nicht.

So manch anderem würde eine ehrenamtliche Arbeit, egal welche, auch gut tun. Man muss nur den Weg dahin finden.

Ich brauche keine öffentliche Anerkennung. Ich kann aber verstehen, wenn jemand gerne das Fahrgeld erstattet haben möchte. Anerkennung ist für mich, dass sich meine Oma freut. Mich mit leuchtenden Augen an der Tür empfängt.

Wenn ich die Öffentlichkeit bräuchte, wäre der Grund sicher ein anderer.

Bausteine des Lebens

Christina, 67 Jahre

Ich muss etwas ausholen, um meinen Weg zum Ehrenamt zu beschreiben: Ich war in der Altenpflege beschäftigt und habe gedacht: *Wenn du nicht mehr arbeitest dann nimmst du dir das, das und das vor.* Man braucht ein paar Säulen, um den Alltag auszufüllen. Ich habe mit Englischkursen begonnen, bin zum Fitness und auch zur *Freiwilligenagentur* gegangen.

Alle anderen suchen immer erst Einsatzmöglichkeiten mit Kindern, das wollte ich nicht. Für mich stand fest, dass ich mit Senioren arbeiten wollte. Ich wurde in den Bereich *Kurzzeitpflege* vermittelt. Das hat mich nicht erfüllt. Ich bin oft auf Abwehr gestoßen. Ich habe mich dann selbst in einem Pflegeheim der AWO vorgestellt und man war von meinem Angebot, mich ehrenamtlich um die Freizeitgestaltung zu kümmern sehr begeistert. Ich hatte so zwei bis drei Senioren, die ich betreut habe.

Durch einen persönlichen Schicksalsschlag habe ich dann alle Aktivitäten eingestellt. Ich konnte nicht mehr richtig denken, mein Kopf war leer.

Ich konnte einfach nichts mehr tun. Die Geburt meines Enkels hat mich aus dieser Starre herausgeholt. Ich habe mir gedacht: *Du musst wieder unter Leute und etwas tun.* Gisela ist schon seit ewigen Zeiten meine Freundin. Durch sie bin ich zum *Seniorenbesuchsdienst* gekommen. Das hat mich aus meinem Tief herausgeholt.

Eigentlich wollte ich nicht im häuslichen Bereich arbeiten. Bei den älteren Menschen kommt es schnell mal vor, dass behauptet wird, es fehlt plötzlich etwas, egal ob Uhr, Brille oder Zähne. Jetzt denke ich aber nicht mehr daran.

Ich betreue einen Herrn, der einen Schlaganfall hatte. Seine Frau ruft mich bei Bedarf an. Sie kann dann einige Wege erledigen. Man braucht als pflegender Angehöriger auch mal Zeit für sich. Dann bin ich bei ihm, bis seine Frau zurück ist. Ich nehme Kreuzworträtsel mit, die wir gemeinsam lösen, oder wir sehen fern. Er freut sich, wenn ich komme. Das ist für mich ein Baustein in der Erfüllung meines Lebens. Andere Bausteine sind mein Enkel und mein Garten. Ich schaffe mir jeden Tag kleine Höhepunkte, auf die ich mich immer freuen kann.

Die blinde Dame, die ich noch besuche hat zwar noch einen Lebenspartner, aber bestimmte Dinge kauft sie lieber mit mir ein. Alle zwei Wochen gehen wir gemeinsam einkaufen. Ich begleite sie zu ihren Versammlungen oder zum Sommerfest. Ich fühle mich dabei richtig gut, weil ich denke: *Irgendwann brauchst du vielleicht auch mal Hilfe.* Das war auch immer der Leitgedanke während meiner Berufstätigkeit. Man war schon manchmal genervt, aber ich habe immer versucht die Situation der Senioren zu verstehen. *Vielleicht wirst du auch mal so.* Deshalb geht mir es auch immer sehr nahe, wenn man so schlimme Berichte aus Pflegeheimen sieht. Als Pflegefall kann man sich selbst nicht dagegen wehren.

Ich mache noch viele andere Dinge, bin immer unterwegs.

Angst vorm Alter? Das kann man wohl sagen. Wenn man das alles so sieht, dann kann man sich nur wünschen: *Hoffentlich hast du mal solche Schwestern, wie du eine warst.* Du musst ein Herz für diese Arbeit haben. Wenn das Herz nicht mit dabei ist, dann sieht man nur das Geld oder den nervigen Bewohner, der einem das Leben schwer macht und der sich *einscheißt*, wie man es unter Kollegen salopp nennt.

Ich habe sehr gerne in der Altenpflege gearbeitet. Die Leitung in meiner Arbeitsstelle war sehr

streng und dort gab es ssolche unschönen Vor-
kommnisse nicht.

Ich selbst möchte im Alter auch noch als erwachsener und mündiger Mensch akzeptiert
werden. Ich empfinde es als schlimm, dass man
plötzlich mit den alten Menschen wie mit
Kleinkindern redet: *Komm, jetzt wird gegessen*,
oder: *Jetzt wird gebadet*. – Warum?
Ich bin gerne mit Menschen zusammen, brauche immer Kontakt, sonst würde ich eingehen.
Es fällt mir schwer, andere um Hilfe zu bitten.
Früher, wenn ich zu den alten Leuten gesagt
habe: »Können ihre Kinder nicht mal dies oder
das erledigen«, dann wollten sie das nicht. Sie
wollten die Kinder nicht belasten. Heute bin ich
selber so. Meine Nachbarn kommen von selbst
und helfen. Ich habe nette Nachbarn, das ist
sehr schön.
Ich möchte nicht so viel über mein eigenes Alter
nachdenken, aber wenn ich darauf angesprochen
werde, dann wünsche ich mir, dass ich recht lange meinen Enkel aufwachsen sehen, recht lange
dem Alter entsprechend gesund bleiben und
meine Freundschaften leben kann. Ein anderer
Glückspol ist meine Tochter. Wir sehen uns
nicht oft, aber telefonieren wöchentlich. Wir sind

eine sehr intakte Familie. Mein Sohn wohnt mit seiner Familie in Halle. Das gibt mir doch einen gewissen Halt. Ich bin zufrieden. Man sollte nicht zu hohe Ansprüche an das Leben stellen, da ist man ganz schnell enttäuscht.

Meine Familie findet das, was ich tue, toll. Andere meinen oft: *Das könnte ich nicht und wollte ich auch nicht.* Das muss man einfach akzeptieren.

Ich wünsche mir für diese Welt, dass es keinen Hunger und keine Kriege mehr gibt. Dass die Menschen sich nicht mehr so hassen und endlich aus ihrer Geschichte lernen. Wenn man aber sieht, dass es schon in der Familie losgeht, dass sie sich nicht mehr mögen, was will man da erwarten?

Ach Anerkennung … Wenn jemand sagt: *Schön, dass sie da waren*, ist das genug. Man freut sich über die Einladung zu den Feierlichkeiten der *Freiwilligenagentur* und das reicht mir aus. Es ist schon schön anderen einfach mal zuzuhören. Was es für interessante Lebengeschichten gibt und wie froh und dankbar die Menschen für die Zeit, die wir spenden, sind. Probiert es doch einfach mal.

In Sicherheit gebracht

Dagmar, 60 Jahre

Nach einer Ausbildung als Seniorenbetreuer habe ich leider keine offene Stelle gefunden. Ich hörte dann, dass die *Freiwilligenagentur* auch ein Projekt *Betreuungsdienste* hat. Aus dem Angebot habe ich mir etwas Passendes herausgesucht. Das war der *Seniorenbesuchsdienst KlingelZeichen*.

Die erste Vermittlung hat nicht geklappt. Die Dame hatte andere Vorstellungen als ich. Auch der Einsatz bei den *Bücherboten* war nur für kurze Zeit möglich, dann stellte die Leserin nicht erfüllbare Forderungen.

Jetzt betreue ich eine 90-jährige Seniorin. Sie hat zu Beginn unserer Bekanntschaft noch in ihrer eigenen Wohnung gelebt. Zum Erstbesuch bin ich alleine gegangen. Nach der ersten Enttäuschung hatte ich auch keine besonderen Erwartungen oder Vorstellungen. Zu meiner Überraschung haben wir uns gleich gut verstanden.

Nach einem schlimmen Sturz hat sich ihre Tochter darum bemüht, sie in einem Seniorenheim unterzubringen. Wie das organisiert wurde, war nicht schön. Aus meiner Sicht hat man sie einfach übertölpelt. Die Kinder haben den Umzug nicht mit ihr besprochen. Es wurde alles ohne sie organisiert. Sie sind mit ihr essen gegangen. Der anschließende Spaziergang führte dann zu dem ausgewählten Seniorenheim. Man hat ihr ein Zimmer gezeigt und sie vor vollende Tatsachen gestellt. *So, das ist jetzt dein Zimmer.* Von da an war sie dort.

Ich wollte sie in ihrer Wohnung besuchen und sie war nicht mehr da. Von den Nachbarn habe ich gehört, dass sie in ein Pflegeheim gekommen sei. Ich habe immer wieder bei ihr angerufen. Eines Tages meldete sie sich und sagte mir, wo sie jetzt untergebracht sei. Ich habe sie dort besucht und so habe ich von ihr die ganze Geschichte des Umzugs erfahren. Die Kinder haben es sicher gut mit ihr gemeint. Sie wollten ihre Mutter in Sicherheit wissen. Man hätte trotzdem mit ihr darüber reden müssen. Sie war nie wieder in ihrer alten Wohnung. Auch die notwendige Kleidung hatten die Kinder ausgewählt. Es fehlte so einiges, was ihr wichtig war. Ihre vielen Bücher, selbst ihre Lieblingsbücher hatten sie ihr nicht eingepackt. Sie haben einfach ohne sie zu fragen den Haushalt aufgelöst.

Diese Geschichte hat mich sehr belastet. Ich hoffe sehr, dass man mit mir später einmal nicht so verfährt und Rücksicht genommen wird. Die Schussfolgerungen aus diesem Erlebnis habe ich gezogen und Vorkehrungen getroffen.

Ich besuche sie weiterhin einmal in der Woche und bin ihr Gesprächspartner. Inzwischen hat sie sich eingelebt. Sie ist ein bescheidener, genügsamer Mensch. Was ihr jedoch im Heim fehlt, sind andere Gesprächspartner. Alle sitzen nur stumm am Tisch sagt sie, keiner spricht. Sie ist immer sehr dankbar, wenn ich komme. Die Zeit vergeht ihr immer viel zu schnell. Als ehemalige Lehrerin ist sie geistig noch sehr rege. Wir singen zusammen, gehen spazieren, einkaufen oder auch mal Kaffee trinken. Das macht sie sehr glücklich. Wir unterhalten uns über alles, was uns im Leben so passiert ist. Dabei lerne ich auch viel von ihr. Wir tauschen unsere Gedanken über verschiedene Themen aus und sind auch nicht immer der gleichen Meinung, aber das können wir akzeptieren. Es ist ein Geben und Nehmen.

Angebotene Weiterbildungen der *Freiwilligenagentur* im Bereich *Seniorenpflege* nehme ich immer gerne an. Meine Seniorin staunt dann immer über meine Vorschläge zur Beschäftigung.

Ich war immer sehr zurückhaltend, regelrecht menschenscheu. Im Praktikum nach der Betreuerausbildung habe ich gemerkt, dass die älteren Menschen mich so nehmen wie ich bin. Das hat mich selbstbewusster gemacht. Durch den Umgang mit vielen anderen Menschen habe ich mich sehr verändert. Diese Feststellung tut mir sehr gut. Auf die monatlichen Projekttreffen unserer Gruppe freue ich mich immer. Man bekommt Hinweise und Anregungen, was man noch unternehmen kann und was die anderen so tun. Es ist immer gemütlich. Wir tauschen uns aus und ich kann auch mal meinen Frust ablassen, wenn ich wieder nur Absagen auf meine Bewerbungen bekommen habe.

Benutzt fühle ich mich überhaupt nicht, weil uns sehr viel Freiraum gelassen wird mit dem, was wir tun. Für mich ist das Freizeit, die ich sinnvoll nutze. Ich habe mich von einem anderen Projekt, in dem ich auch mitgearbeitet habe, distanziert. Da hatte ich zunehmend den Eindruck, dass das Ausnutzung war. Das ging mir einfach zu weit. So wie das in unserem Projekt gehandhabt wird, so stelle ich mir Freiwilligenarbeit vor.

Meine Erfahrung ist die: Früher haben die Generationen zusammengelebt und sich umeinander gekümmert. Es hat sich nun so entwickelt, dass die Generationen oft getrennt sind. Aber an der Tatsache, dass eine Generation von der anderen lernen kann, hat sich nichts geändert. Ich möchte jedem, der Zeit dafür hat, raten, sich um Ältere zu kümmern und von ihnen zu lernen. Auch mit dem Bewusstsein, dass man eines Tages vielleicht selbst hilfsbedürftig ist und andere für einen da sein müssen.

Meine eigene Zukunft macht mir manchmal schon Sorgen. Hier habe ich aber gelernt, Vorsorge zu treffen. Deshalb bin ich recht zuversichtlich, dass ich mit dem Alter gut umgehen kann. Ich möchte bis zu meinem Ende als die Person behandelt werden, die ich immer war, dass man meinen Wünschen entspricht und nicht einfach über mich verfüg, nur weil ich alt bin.

Während meines Praktikums habe ich unschöne Dinge erlebt. Das hängt nicht nur vom Zeitfaktor oder vom Personalmangel in den Pflegeheimen ab. Vielmehr hatte ich den Eindruck, dass die Achtung vor den Menschen auf der Strecke blieb; als wären alle, die alt sind, ein

bisschen doof. Sie sind aber nur alt und hinfäl-
lig. So geht man nicht mit Menschen um! Ich
habe mich immer gefragt, was sie dazu bewo-
gen hat. Hatten sie ihre Arbeit satt? Mochten
sie ihre Arbeit nicht und haben ihre Wut und
ihren Frust an den Bewohnern ausgelassen? Es
handelte sich überwiegend um junges Personal.
Vielleicht waren sie mit dieser täglichen Kon-
frontation des Altwerdens überfordert? Ich habe
aber auch in Häusern gearbeitet, wo man mit
den Bewohnern sehr aufmerksam und fürsorg-
lich umging.

Glück ist für mich, sinnvoll tätig sein. Ich
unterhalte mich auch viel mit meiner Seniorin
über andere Länder. Wir interessieren uns beide
für fremde Kulturen. Ich liebe Reisen, andere
Lebensweisen und Kulturen zu erleben. Natürlich sind auch meine Enkelkinder ein großes
Glück für mich. Die Zeit mit ihnen ist immer
wieder ein Genuss.
Es gab eine Zeit da war ich sehr unzufrieden
mit meinem Leben. Ich war arbeitslos geworden
und bekam auf meine Bewerbungen nur Absagen, wahrscheinlich auch aufgrund meines Al-
ters. Durch die Freiwilligentätigkeit bin ich
wieder zufrieden. Es hat alles wieder einen Sinn

bekommen. Manchmal frage ich mich: *Vielleicht sollte das alles so sein.*

Ich selbst hatte immer den Traum, mit meinem Mann nach Mexiko zu reisen. Jetzt hat er mir eine große Freude gemacht: Er hat spontan eine Reise nach Mexiko gebucht.

Was ich in dieser Welt abschaffen würde? Kriege würde ich abschaffen. Unsere Geschichte ist eine Geschichte von Kriegen. Meist sind es Glaubenskriege. Warum kann man nicht den Glauben der anderen einfach akzeptieren?

Für mein Ehrenamt haben viele leider kein Verständnis. Wie man arbeiten kann ohne etwas dafür zu bekommen und das auch noch schön finden kann, da fehlt ihnen einfach das Verständnis. Sie meinen, ich ließe mich ausnutzen. Mir selbst gibt mein Ehrenamt sehr viel. Ich betone noch mal: *Ich fühle mich nicht ausgenutzt.* An Grenzen stoße ich manchmal bei der Telefonseelsorge, denn da bin ich auch noch tätig. Da muss man sich so manches anhören und verarbeiten. Da wäre eine kleine Anerkennung, vielleicht in Form eines Rentenpunktes, schön. Eine gute Idee finde ich auch die andiskutierte Ehrenamtskarte.

Meinen jungen Betreuer bei der Arbeitsagentur interessiert meine ehrenamtliche Tätigkeit gar nicht. Ich war zeitweise so verzweifelt, dass ich als Ergebnis dessen beim psychologischen Dienst gelandet bin. Ich wünsche mir nichts sehnlicher, als von diesem Arbeitsamt wegzukommen.

Feldwege im Paradies

Frank, 52 Jahre

Ich betreue eine einseitig gelähmte Dame. Sie ist 68 Jahre alt. Wir verstehen uns sehr gut. Wir gehen spazieren, unterhalten uns und ich gehe auch für sie einkaufen. Sie lebt in ihrer eigenen Wohnung.

Sie hat gar keine Interessen. Eigentlich möchte sie nur reden und spazieren fahren. Für mich ist es schwierig sie zu beschäftigen. Ich überlege mir immer: Was kann ich mit ihr noch anfangen?

Sie war selbstständig und hat in der Karibik gelebt. Deshalb fällt es ihr so schwer, sich mit ihrer momentanen Situation abzufinden. Demnächst möchte sie in ein *betreutes Wohnen* umziehen. Sie hofft, dann nicht mehr so allein zu sein. Sie freut sich sehr, wenn ich komme. Wenn ich manchmal absagen muss, dann fragt sie auch schon mal von sich aus nach.

Ich besuche sie einmal in der Woche. Als ich sie kennengelernt habe, fand ich sie interessant und es war Sympathie auf den ersten Blick. Ich habe versucht, sie für das Internet zu interessieren, da könnte sie ja auch mit anderen in Kontakt kommen. Das hat sie aber abgelehnt. Nur ihre Fotoalben, also ihr früheres Leben, sind interessant für sie.

Zur *Freiwilligenagentur* bin ich rein zufällig gekommen. Durch eine Bekannte habe ich davon gehört und bin einfach mal hingegangen. Ich habe mich umgesehen, welches Projekt für mich infrage käme. Ich fand das Projekt *KlingelZeichen* sofort interessant und habe mich dafür entschieden. Es füllt mich auch aus.

Vor Kurzem hatte ich eine leichte persönliche Krise. Nach drei Monaten Alkoholabstinenz, die ich durch Willenskraft und Einsicht locker geschafft habe, hatte ich das Bedürfnis nach mehr Veränderung. Ich stand an einer Kreuzung und musste mich für den weiteren Weg entscheiden. Es gab nur Feldwege und keine Hinweisschilder. Das hat sich jetzt wieder gegeben. Mein Ehrenamt hat mir dabei sehr geholfen. Es ist etwas, was sehr gut tut. Ich fühle mich in dieser Rolle sehr wohl.

Ich war als Kind sehr Oma-bezogen und arbeite gerne mit älteren Menschen. In einem Projekt über das Arbeitsamt habe ich unter anderem freiwillig in einem Altenheim mit Demenzkranken gearbeitet. Auf den Umgang mit Demenzkranken war ich überhaupt nicht vorbereitet. Ich habe da einige Fehler gemacht, wie andere auch. Ich musste mir sogar sagen lassen: *Warum beschäftigst du dich so viel mit den alten Leuten, die vergessen doch sowieso wieder alles.* Inzwischen habe ich eine Weiterbildung im Umgang mit Demenzkranken gemacht und die Ausbildung zum *Seniorenbetreuer.* Daraus ergab sich ein weiterer Einsatz auf einer Demenzstation. Ich habe mit den Bewohnern sogar gesungen, obwohl ich nur ein Lied kenne, nämlich *Schneeflöckchen Weißröckchen.* Sie haben aber alle gleich mitgesungen.

Im Umgang mit meiner Seniorin bin ich rücksichtsvoll und einfühlsam. Es ist für mich etwas Angenehmes. Sie fühlt sich gut, ich fühle mich gut und das ist völlig in Ordnung. Das ist für mich ein Stückchen Glück. Mein größtes Glück ist jedoch mein Sohn. Ich habe ihn alleine aufgezogen und bin stolz auf ihn und mich.

Ich sehe die Besuche bei meiner Seniorin als eine sinnvolle Aufgabe. Für sie ist das schon etwas mehr. Sie hat einen Bezug zu mir aufgebaut, wie eine Mutter zu ihrem Sohn. Sie erhebt schon richtig Anspruch auf meine Anwesenheit. Der Dialog zwischen uns ist gut. Ich versuche mich in ihre Situation hineinzuversetzen, um sie zu verstehen. Für mich selbst ist es Arbeit, die ich gerne tue. Wenn diese Beziehung enden sollte, hätte ich damit aber keine Probleme.

Glück ist ein kurzer Augenblick, den man sich täglich neu erarbeiten muss. Glück sind nicht materielle Dinge. Ich selbst kenne weder Gier noch Neid. Nach meinen seelischen Nöten und der Alkoholabstinenz, habe ich meinen christlichen Glauben wiederentdeckt. Ich fühle mich nicht mehr so allein und es macht mich ruhiger.

Ganz wichtig: Das, was ihr an Werten anhäuft, könnt ihr nicht mitnehmen auf dem letzten Weg. Wichtig ist, dass man zufrieden, gesund und glücklich ist. Angst vor dem Alter hatte ich bisher noch nicht. Ich habe auch keine Angst vor dem Tod. Er gehört zum Leben dazu. Ich kann gut mit dem Alleinsein umgehen. Wenn es mir schlecht geht, ziehe ich mich zurück und möchte alleine sein. Ich analysiere mein Unglück. Alkohol hat dabei eine verstärkende negative Wirkung. Wenn es mir gut geht, dann bin ich gerne unter Menschen und suche den Kontakt. Auch meine Sportgruppe, zu der ich wöchentlich gehe, gibt mir Halt. Also habe ich jetzt meinen Sohn, die Sportgruppe, meine Seniorin und die *Freiwilligenagentur*. Das ist schon ausreichend.

In Würde alt zu werden ist vielleicht auch ein finanzielles Problem. Da hat nach meinen Erlebnissen in den Pflegeheimen bei mir ein Umdenken stattgefunden. Bedenken habe ich im Bezug auf unsere Alterspyramide. Wird man, wenn ich so alt bin, die heutigen Standards der Pflege noch halten können? Wird es zu Massenabfertigung und Massenunterkünften kommen? Das möchte ich auf keinen Fall – mit fremden Menschen das Zimmer teilen müssen. Meine menschliche Würde möchte ich bis zum Tod bewahren.

Große Ziele oder Träume habe ich nicht. Ich möchte es schaffen, auch weiterhin ohne Alkohol auszukommen. Alkoholmissbrauch macht einen seelisch total kaputt. Spätestens ab 2015 höre ich auch mit dem Rauchen auf.

Als Christ würde ich das Paradies einführen: Alle Menschen sollen so miteinander umgehen, wie sie es auch für sich möchten. Viele Bibelsprüche sind sehr wahr und heute noch zutreffend.

Anerkennung bekomme ich dadurch, das ich in meiner Freiwilligenarbeit akzeptiert werde wie ich bin und nur nette Menschen treffe. Im Umgang mit anderen Menschen habe ich gelernt auch eigene Fehler zu erkennen. Aber auch Empathie nicht vorrangig nur für andere, sondern auch für mich zu empfinden.

Mutti winkt am Fenster

Gerda, 69 Jahre

Ich betreue zwei Senioren regelmäßig und zwei sporadisch. Die eine Dame war anfangs etwas schwierig. Sie hatte gerade ihren Sohn verloren. Nun war sie allein in der Wohnung und musste sich erst an die neue Lebenssituation gewöhnen. Wenn ich sie jetzt besuche und aus dem Bus aussteige, dann steht sie schon am Fenster und winkt mir. Das erinnert mich an meine Mutter. Sie stand auch immer am Fenster und winkte wenn ich kam. Ich habe ihr das auch so erzählt. Das ist so richtig schön mit uns. Es hat sich in kurzer Zeit eine sehr schöne Beziehung aufgebaut. Ich möchte sie noch recht lange begleiten können. Für Menschen habe ich ein Gespür. Ich merke recht schnell, ob die Chemie stimmt oder nicht. Es gibt kaum Menschen, zu denen ich keinen Zugang finde.

Ich besuche sie einmal in der Woche. Als ich sie das erste Mal besucht habe, war die ganze Familie anwesend. Ich fand das sehr gut. Ich habe gleich die Tochter mit Mann, Enkel und Urenkel kennengelernt. Sie kümmern sich sehr um ihre Mutter. Wir gehen gemeinsam spazieren. Sie ist 84 Jahre alt und nicht mehr so gut zu Fuß. Deshalb suchen wir Wege aus, wo wir auch mal eine Bank zum Ausruhen finden. Sehr wichtig sind ihr unsere Gespräche. Ich merke auch, dass sie wieder Freude am Leben findet. Sie kocht wieder, hat ihren Balkon hergerichtet und erzählt auch mehr. Sie ist auf dem besten Weg, mit ihrer Trauer umzugehen.

Bei der anderen Dame bin ich alle zwei Wochen. Das Verhältnis zu ihr ist ganz anders. Dort bin ich nur Zuhörer. Sie muss alle angestauten Probleme erzählen. Es sind aber alles familiäre Dinge, bei denen ich ihr nicht helfen kann und möchte. Würde ich sie jede Woche besuchen, käme ich wahrscheinlich an Grenzen. Vieles, was sie mir erzählt, ist für mich auch belastend. Eigentlich möchte ich es gar nicht hören.

Als ich in den Ruhestand gegangen bin, habe ich mir eine Stelle als Gesellschafterin bei einer alten Dame gesucht. Sie habe ich begleitet, bis sie ins Pflegeheim kam. Das war eine gute Zeit. Wir haben viel unternommen. Ich wollte danach für mich etwas Neues finden. In der *GWG-Zeitung* fand ich dann die Annonce vom *Klin-*

gelZeichen. Ich habe mich in der Gruppe gleich wohlgefühlt. Ich finde es gut, dass es mir so passiert ist. Ich habe neue Kontakte geknüpft. Im Seniorenstübchen der GWG habe ich Menschen kennengelernt, mit denen ich in einer Straße wohne. Ich kannte sie früher nicht.

Meine Familie und die Kontakte zu früheren Kollegen sind für mich Glück. Mein Leben ist durch dieses Ehrenamt erfüllter. Mir würde sonst etwas Lebensinhalt fehlen. Ich fülle meine Freizeit sinnvoll aus.

Wenn Gedanken an mein eigenes Älterwerden aufkommen, dann verdränge ich die. Ich setze mich nicht direkt damit auseinander. Ich hoffe, dass ich mal nicht so leiden muss, wie andere, die ich so sehe.

In Würde alt zu werden bedeutet für mich, möglichst ohne Medikamente zu leben. Sollte ich in ein Pflegeheim kommen, dann möchte ich nicht so barsch behandelt werden, wie ich es schon erlebet habe. Der Umgangston ist nicht immer angemessen. Den Bewohner, egal wie alt oder krank er ist, sollte man immer respektvoll behandeln. Das macht nicht jeder, der es eigentlich sollte.

Die Betreuung in den Pflegeheimen sollte verbessert werden. Es muss mehr Personal eingestellt werden. Die Arbeit wird nur unter Druck und Hektik geleistet. Die Bewohner möchten auch mal ein nettes Wort hören oder sich unterhalten. Auch in der häuslichen Krankenpflege sind die vorgegebenen Zeiten zu kurz bemessen. Wenn sich die Pflegekräfte wirklich Zeit nehmen, dann opfern sie ihre Freizeit. Das finde ich einfach nicht gut. Auch wenn die Politik das Thema immer wieder behandelt – es ändert sich nicht wirklich etwas. Auch die Unterbezahlung der Arbeitskräfte. Ich bin ja selbst unterbezahlt worden. Selbst der Mindestlohn ist nicht angemessen für diese Arbeit.

Ich würde gern mal eine schöne große Reise unternehmen. Leisten kann ich mir nur ab und zu eine kleine Reise. Damit bin ich auch zufrieden. Ich bin mit meinem Leben zufrieden.

Anderen möchte ich mitgeben: *Wenn ihr in den Ruhestand geht, kapselt euch nicht ab.* Man sollte sich Kontakte suchen, nicht nur zu Hause in den vier Wänden bleiben. Es gibt so viele verschiedene Angebote, die man annehmen kann. Ich selbst fühle mich immer sehr gut, wenn ich meine Senioren nach dem Besuch verlasse, egal was wir unternommen haben.

Meine Familie findet mein Engagement gut. Sie sehen, dass es mir dabei sehr gut geht. Wenn es anders kommen sollte, dann würde ich sofort aufhören.

Anerkennung muss ich nicht haben, aber das man auch im Rathaus über unsere Arbeit informiert ist und es mit einigen Worten würdigt, das fände ich schon angebracht.

Kaffeerunde mit Mark Twain

Jutta, 65 Jahre

Ich betreue eine 70-jährige blinde Dame. Sie wohnt mit ihrer Tochter und Familie gemeinsam in einem Haus. Die Familie ist natürlich den ganzen Tag unterwegs. In ihrer Selbsthilfegruppe für Blinde und Sehbehinderte hat die Frau von uns gehört und war sofort begeistert. Der Kontakt zu unserer Gruppe wurde durch ihre Tochter hergestellt.

Vor meinem ersten Besuch war ich sehr aufgeregt. Ich hatte so etwas ja noch nie gemacht. Dazu kamen meine Minderwertigkeitskomplexe. Wie sich herausgestellt hat, haben wir sehr viele Gemeinsamkeiten. Vielleicht ist auch das der Grund, dass es zwischen uns so gut funktioniert. Wir haben die gemeinsame Liebe zur klassischen Musik, Kunst und Kultur. Sie ist auch sehr kontaktfreudig, was ich nicht bin. Mit ihr zusammen fällt es mir leicht.

Wir treffen uns immer montags zur gleichen Zeit. Sie wartet, wenn schönes Wetter ist, vor dem Haus auf einer Bank auf mich. Zuerst gehen wir spazieren. Beim Bäcker kaufen wir Kuchen und setzen unsere Spazierrunde fort. Zu Hause hat sie dann immer schon die Kaffeemaschine vorbereitet. Das kann sie in ihrer Wohnung alles selbstständig. Dann gibt es erst mal Kaffee und Kuchen. Ich habe ihr von verschiedenen Büchern erzählt. Da lese ich ihr lustige Geschichten vor, damit sie auch mal herzhaft lachen kann. Im Moment sind wir bei Mark Twain. Wir lösen auch gemeinsam Kreuzworträtsel und unterhalten uns ganz viel. Wir verbringen so drei Stunden miteinander. Ich erzähle, was ich so die ganze Woche getan habe.

Mittlerweile rufen wir uns auch mal in der Woche an. Ich denke schon, dass sie mich mag. Ich sie auch. Sie weiß, dass ich allein bin und versucht mich an Tagen wie Ostern oder Weihnachten zu trösten. Sie ist für mich so etwas wie eine Mutterfigur, obwohl sie nur fünf Jahre älter ist. Sie ist jemand, dem ich alles erzählen kann. Das ist etwas sehr Schönes, ist wirklich Glück für mich. Sie bereichert meinen Alltag. Wenn ich das nicht hätte, wäre es schlimm. Wir tun uns gegenseitig gut. Dass ich ihr alles erzählen kann ist für mich das Schönste an unserer gemeinsamen Zeit. Was ich ihr vorschlage, das nimmt sie sehr gerne an. Sie ist offen für alle Angebote. Ich habe ihr auch von dem Projekt dieses Buches erzählt. Davon war sie ganz begeistert.

Bis zum Tod meines Mannes war mein ganzer Tagesablauf auf ihn ausgerichtet. Danach stand ich vor einer Entscheidung: Wie gestalte ich mein Leben weiterhin. Ich habe mich an die *Freiwilligenagentur* gewand und so bin ich zum *Seniorenbesuchsdienst* gekommen. Durch die Gemeinschaft in der Gruppe habe ich weitere Kontakte knüpfen können. Ich habe zum Beispiel erfahren, dass es Sport- und Computergruppen gibt. Dadurch bin ich zum Computerklub gekommen. Ich glaube, ich habe mich durch diese Gemeinschaft sehr verändert. Ich habe mich immer auf andere verlassen. Ich bin schüchtern und zurückhaltend. Mein Mann musste immer alles regeln. Mittlerweile kann ich das gut, es macht mir nichts mehr aus. Oder auch wie ich jetzt dieses Interview gebe und locker mit Dir rede, das hätte ich vor einem Jahr noch nicht getan. Da hätte ich mich fragen lassen und knapp geantwortet. Ich gehe nun auch auf Leute zu, habe Freundinnen gefunden, indem ich auf sie zugegangen bin. Das Ehrenamt hilft mir sehr über eigene Probleme hinweg und auch meinen Alltag lebenswert zu gestalten.

Ich fühle mich im Ehrenamt nicht benutzt. Natürlich könnte ich Geld gebrauchen. Ich habe mich aber bewusst für diese ehrenamtliche Tätigkeit entschieden.

Ja, ich habe Angst vor dem Alter. Ich beschäftige mich auch intensiv damit, denke darüber nach, was ich praktisch tun kann, wie zum Beispiel Vorsorgevollmacht und Patientenverfügung. Diese Probleme haben mich sehr beunruhigt. Ich bin froh, dass ich jetzt dabei bin, das alles zu regeln. Demnächst werde ich das mit meiner Tochter genau besprechen.

In Würde alt werden? Da denke ich wahrscheinlich wie die meisten Leute: Ich möchte so lange wie möglich zu Hause leben. Ich glaube, ich würde mein Leben selbst beenden wollen, wenn ich merke, dass es nicht mehr funktioniert. Ich habe meine Mutter, meine Tochter und meinen Mann zu Hause gepflegt. Ich würde niemandem ein Pflegeheim antun wollen. Für mich würde ich es wahrscheinlich gar nicht so weit kommen lassen. Meine Tochter könnte aus beruflichen Gründen eine eventuelle Pflege nicht leisten. Das hat nichts mit mangelnder Fürsorge meiner Tochter mir gegenüber zu tun. Obwohl man das aus der Vernunft heraus weiß, hat man aber doch den

Gedanken: *Es wäre schon schön, wenn es so wäre.*

Verreisen würde ich ganz gerne. Dazu fehlt mir leider das Geld. Meine Tochter lobt mich für meinen ehrenamtlichen Einsatz. Sie ist stolz auf mich, dass ich das alles mache. Auch Freunde aus meiner alten Heimat finden es gut, was ich tue. Es gibt keine negativen Stimmen. Dann wären es auch nicht meine Freunde.

Ich bin mir nicht sicher, ob ich jüngere Leute für unser Ehrenamt begeistern könnte. Älteren würde ich erzählen wie schön das sein kann. Ich spreche auch in den Gruppen, die ich besuche, sehr oft darüber. Vielleicht kann ich mal jemanden überzeugen.

Anerkennung? Ich freue mich, wenn die Dame, die ich besuche, zu frieden ist. Das ist genug Anerkennung.

Was ich in dieser Welt ändern würde? Den Banken und Konzernen würde ich die Macht nehmen. Punkt.

Kummerkasten

Martina, 66 Jahre

Ich betreue eine 92-jährige Dame. Bevor sie in das *seniorengerechte Wohnen* umzog, war sie meine Nachbarin. Wir hatten immer ein sehr freundschaftliches Verhältnis, daher bestand bei ihr der Wunsch, dass ich sie auch weiterhin betreue. Im Umgang mit Behörden und im Schriftverkehr ist sie sehr ängstlich. Dabei unterstütze und berate ich sie. Sie ist geistig aufgeweckt, von ihrer Art und Weise manchmal etwas hart, aber wir kommen gut miteinander aus. Wenn wir uns unterhalten kann ich sie recht gut motivieren. Wir haben immer sehr viel Gesprächsstoff. Es ist ein Geben und Nehmen. Wir fühlen uns gut dabei. Wir können uns über alle Probleme unterhalten. Mal bin ich der Kummerkasten, mal sie. Ich kenne auch ihren Sohn gut und würde, wenn nötig, mich auch mit ihm zusammensetzen. Wenn ich in den Urlaub fahre bringe ich extra Fotos nur für sie mit. Nahaufnahmen von Bäumen oder Palmen zum Beispiel, damit sie auch einen Eindruck von diesem Land bekommt. Sie kann ja selbst nicht mehr reisen.

Früher war ich im Gesundheitswesen tätig und hatte immer den Kontakt zu Menschen. Mein Ruhestand hat mich irgendwann nicht mehr ausgefüllt. Natürlich bekomme ich auch Anerkennung durch meinen Mann. Wir führen eine sehr harmonische Ehe. Mir fehlte einfach eine Aufgabe. Mein Sohn gab mir den Rat, mich bei der *Freiwilligenagentur* zu informieren. Im Internet habe ich mir die verschiedenen Betätigungsfelder angesehen. Dabei habe ich den Ansprechpartner für den *Seniorenbesuchsdienst* gefunden. So kam ich zum *Klingel-Zeichen*. Es ist ja nicht nur, dass ich eine Seniorin betreue, sondern auch die Treffen der Gruppe. Wir verstehen uns gut, man kann sich austauschen und findet andere Gesprächspartner. Mein Einsatz gestaltet sich so, dass ich nicht überfordert werde und auch für meine persönlichen Belange noch genug Freiraum bleibt. Wichtig ist mir auch, dass es zwischen uns passt.

Ich habe noch eine weitere Dame betreut. Ihr Tod hat mir sehr weh getan. Es war ein schönes Verhältnis. Wir hatten so viele Gemeinsamkeiten. Es war wie eine Seelenverwandtschaft. Trotzdem bin ich noch nie an Grenzen gekommen.

Seit ich diese Aufgabe übernommen habe, fühle ich mich ausgeglichener. Um es genau auszudrücken: *Ich fühle mich gebraucht und nicht in die Ecke gestellt.* Nicht benutzt. Es ist ja mein freier Wille.

Ich selbst habe keine Angst vor dem Alter. Hatte ich noch nie. Meine Grenzen kenne ich und kann damit umgehen. Für mich ist alles gut so, wie es ist.

In Würde alt werden bedeutet für mich, wenn psychisch und physisch alles gut versorgt wird. Dass ich nicht irgendwo in einem Zimmer liege und nach Zeitplan abgefüttert werde. Ich erwarte Fürsorge und Wärme auch im Alter. Da baue ich auf meine Kinder.

Soziale Gerechtigkeit würde ich mir für diese Welt wünschen. Da liegt meiner Meinung nach sehr vieles im argen. Mein persönliches Ziel? Wenn ich 79 bin habe ich goldene Hochzeit, die möchte ich auf jeden Fall mit meinem Mann feiern. Die Hochzeit meiner jüngsten Enkelin, sie ist jetzt 13, möchte ich auch noch erleben. Ich vergleiche das Leben immer mit einem Lineal. Da befinden wir uns jetzt im letzten Drittel. Die Zeit möchte ich so gut es geht nutzen.

Mein Umfeld kennt meine ehrenamtliche Tätigkeit. Ich konnte auch schon andere für unsere

Arbeit interessieren. Es sollte jeder daran denken, dass er auch mal alt wird.

Als Anerkennung unserer Arbeit würde ich mir schon eine kleine Aufwandsentschädigung wünschen. Oder mal eine Gesprächsrunde in gemütlicher Form. Anerkennung auch vonseiten der Stadt. Es ginge vielen Senioren schlechter, wenn wir nicht da wären. Das sollte anerkannt werden. Oder überhaupt erst mal in das Bewusstsein der Öffentlichkeit gelangen.

Das Auf und Ab des Lebens

Rosemarie, 66 Jahre

Ich habe mich schon während meiner Beruftä-
tigkeit bei der *Freiwilligenagentur* nach Einsatzmöglichkeiten erkundigt. Ich wollte nach
meinem aktiven Berufsleben nicht in ein Loch
fallen. Ich bin von Beruf Krankenschwester.
Mein Ziel war es, mit Senioren zu arbeiten.
Ich habe mich für die Gruppe *KlingelZeichen*
entschieden. Lange Zeit hatte ich keinen Senioren zur Betreuung. Bei den Gruppentreffen hörte
ich dann: alle betreuten jemanden, nur ich nicht.
Dann hat es doch geklappt und ich bekam einen
älteren Herrn zur Betreuung. Wir sind spazieren
gegangen und er hat mir viel über seine Kriegs-
erlebnisse erzählt. Es war ein nettes Verhältnis.
Eines Tages wollte ich ihn wieder besuchen, aber
es öffnete mir keiner. Seine Tochter, die im gleichen Haus lebte, informierte mich dann, dass er
im Pflegeheim sei. Die Tochter gab mir auch zu
verstehen, dass keine Besuche mehr notwendig
wären. Nun hatte ich wieder niemanden.
Durch Gisela bekam ich eine sehr, sehr demente
Dame vermittelt. Sie hat den ganzen Tag nur

geweint. Ein Gespräch war nicht möglich. Das war für mich zu belastend. Ich konnte sie nicht weiter besuchen. Da bin ich tatsächlich an Grenzen gestoßen. So hatte ich mir das nicht vorgestellt. Ich habe innerlich mit mir gekämpft, ob mein Verhalten richtig sei, aber ich musste mich selbst schützen. Ich kam mir bei ihr einfach überflüssig vor.

Ich wollte mit den Senioren einkaufen, erzählen oder spazieren gehen. Aber wenn sie nicht möchten, dann ist es so. Wir arbeiten ehrenamtlich und müssen uns nicht aufdrängen. Es gibt sehr einsame Senioren, aber sie möchten unsere Besuche nicht. Das kann man nicht wirklich verstehen.

In der Gruppe fühle ich mich sehr wohl. Ich habe dadurch soziale Kontakte knüpfen können. Es geht immer auf und ab im Leben. Es kommt darauf an, wie man damit umgeht, also immer wieder aufstehen. Das Berufsleben ist vorbei, aber es gibt noch andere schöne Dinge zu erleben. Man muss sich den Tag schön einrichten. Ich finde sicherlich auch noch jemanden, den ich betreuen werde. Es ist doch etwas Schönes, wenn man selbst die Wohnung nicht mehr verlassen kann und es kommt jemand und bringt etwas Licht in den Alltag.

Ich kenne Menschen, die mit ihrer Freizeit nichts anfangen können. Ihre Freizeit aber für ein Ehrenamt opfern, das möchten sie nicht. Mir persönlich gefällt es gut mit alten Menschen zu arbeiten.

Wenn ich keine Träume mehr hätte, dann wäre das Leben nicht mehr schön. Ich möchte fit und gesund bleiben. Ich habe immer ein schlechtes Gewissen, wenn ich zu den monatlichen Treffen gehe und habe niemanden zu betreuen. Gisela tröstet mich immer. »Wir finden noch jemanden für dich«, sagt sie. Ich habe meine demente Mutter 13 Jahre lang gepflegt. Das möchte ich jetzt einfach nicht wieder. Wer andere glücklich macht, ist selbst glücklich. Das was man gibt, kommt irgendwie zurück.

Über das Alter mache ich mir schon Gedanken. Das ist eine schwierige Frage. Ich möchte auf keinen Fall in ein Heim. Da kenne ich zu viele Gegebenheiten – der Pflegenotstand, die Unter-bezahlung … das wird alles nicht besser. Man muss sich schon um sein Alter Gedanken machen. Patientenverfügung, Vollmacht, solche Dinge muss man ordnen. Aber zu oft will ich nicht an mein Ende denken. Es kommt, wie es soll.

Wir selbst sollten mehr Öffentlichkeitsarbeit leisten. Es gibt bestimmt viele Senioren, die sich einfach nur einen Gesprächspartner wünschen, Angst haben alleine nach draußen zu gehen. Wir müssen uns selbst mehr publik machen.

Unterwegs

Roswitha 69, Jahre

Ich habe im *GWG-Report* einen Artikel über den Seniorenbesuchsdienst *KlingelZeichen* gelesen. Daraufhin habe ich mich dort gemeldet. Ich wollte raus aus der Einsamkeit. Ich hatte immer mit Menschen zu tun, das hat mir gefehlt, also habe ich mir einen neuen Bekanntenkreis geschaffen.

Ich betreue zwei Seniorinnen. Die eine Dame habe ich bisher erst zweimal besucht. Sie wünscht sich eine Begleitung für Spaziergänge und Unterhaltung. Auf ihre Fernsehsendungen am Nachmittag möchte sie aber nicht verzichten. Da bleibt wenig Raum für Unterhaltung. Es wird sich herausstellen, ob wir harmonieren.
Die andere Dame ist 81 Jahre alt. Sie ist noch sehr wissbegierig und möchte noch an allem teilhaben. Sie hat weder Verwandte noch Bekannte. Sie lebt schon viele Jahre allein und hat so ihre Schrullen, die habe ich aber auch. Mit mir zusammen möchte sie immer etwas unternehmen, nach Möglichkeit den ganzen Tag.

Eigentlich ist sie nicht zu bremsen. Wir sind so zwischen vier und acht Stunden unterwegs. Ich besuche sie ein- bis zweimal in der Woche, manchmal auch ganz spontan und rufe zwei Stunden vorher an, dass ich komme. Dann steht sie schon ausgehbereit da. Sie hat aber auch schon gesagt: »Heute passt es mir nicht.« Manchmal möchte sie einfach ihre Ruhe haben. Das respektiere ich natürlich. Wir haben ein gutes Verhältnis zueinander aufgebaut. Sie möchte schon Kontakte, aber eigentlich dann doch nicht zu dicht. Dafür hat sie zu lange allein gelebt.

Für mich ist der Besuchsdienst eine Bestätigung, dass man noch etwas Nützliches tun kann. Es ist ein schöner Ausgleich. Ich bin mehr in Bewegung. Trotzdem sollte noch genug Zeit für einen selbst bleiben.

Glück ist für mich meine Familie, das Zusammensein in der Familie. Das sind seltene Ereignisse, die ich genieße.

Wenn ich anderen von meiner Tätigkeit erzähle, dann finden das viele sehr gut. Nach meiner Ansicht kann nicht jeder das, was wir tun, leisten. Es muss auch vom Typ Menschen her passen. Man muss ein Gefühl für alte Menschen haben und ihre Situation verstehen können. Aber man muss auch Grenzen setzen können. Probleme von denen man hört, darf man nicht mit nach Hause nehmen. Das belastet einen dann selbst. Noch kann ich das. Ich weiß nicht, was vielleicht noch für Probleme kommen werden.

Alter? Alter ist ein relativer Begriff. Ich lasse es auf mich zukommen. Würde im Alter – das sind für mich Kontakte, damit man nicht vereinsamt. Ich wünsche mir, dass ich später auch besucht und umsorgt werde.

Soziale Gerechtigkeit wünsche ich mir für diese Welt. Mehr Anerkennung für den sozialen Bereich und die Arbeit, die dort geleistet wird. Mit meinem Leben bin ich zufrieden so wie es ist.

Den Weg zum Ehrenamt sollte meiner Ansicht nach jeder selbst finden. Sonst ist man nicht mit dem Herzen dabei.

Ich selbst brauche für das, was ich tue, keine Anerkennung.. Mehr Anerkennung für den sozialen Bereich, für die Arbeit die dort geleistet wird. Eine Abrechnung der Arbeiten im Pflegebereich nach Minuten ist doch menschenverachtend. Bleibt die Pflegekraft länger, dann fehlt die Zeit für den nächsten Senioren. Das darf nicht länger so sein.

Große Herzen

Sie sind nicht von dieser Welt,
der Himmel schickt sie;
all die Engel mit den großen Herzen,
geben Trost und Zuversicht,
und sie bringen dir das Licht,
wenn du im Schatten stehst und hilflos bist.

Große Herzen fragen nie,
nach dem Lohn für ihre Müh.
Große Herzen spenden Kraft,
für das was man allein nicht schafft.

Manchmal sind sie Weggefährten,
tragen deine Last;
manchmal zahlen sie für dich den Preis,
manchmal opfern sie sich auf,
nehmen die Gefahr in Kauf,
um Leben vor dem Tode zu bewahren.

Große Herzen fragen nie,
nach dem Lohn für ihre Müh.
Große Herzen spenden Kraft,
für das was man allein nicht schafft.

Können erhören und verstehn,
tief in deine Seele sehn,
wenn sie mit dir durch ein Feuer gehen.
Können heilen und verzeihn,
können deine Retter sein,
bedingungslos an deiner Seite stehn.

Große Herzen fragen nie,
nach dem Lohn für ihre Müh.
Große Herzen spenden Kraft,
für das was man allein nicht schafft.

                                    Dieter Birr

Beim Schreiben habe ich einfach an die Menschen gedacht, die anderen helfen, ohne gleich Geld dafür zu fordern – die Menschen, aber auch Tieren in Not helfen. Da gibt es ja die unglaublichsten Geschichten. Und wenn dann Menschen ihre Herzen öffnen und helfen, ohne dafür eine Gegenleistung zu verlangen, es einfach tun – das berührt mich sehr. Ihnen wollte ich mit diesem Lied ein kleines Denkmal setzen.

Dieter Birr aus seinem Buch *Maschine*.

Meinungen von besuchten Senioren

Friedrich:
Wenn Sie mir einen Vertrag unterschreiben, dass Sie mich bis zum Ende besuchen, dann halte ich noch eine Weile durch.

Andreas:
Wie kommt man auf diese Idee so etwas ehrenamtlich zu tun. Mir wäre das früher nicht im Traum eingefallen.

Lydia:
Es ist so schön bei jemandem am Arm zu gehen.

Bärbel:
Sie haben mir mit Traudel die Sonne geschickt, ich bin so glücklich. Ich finde das so wunderbar, was sie tun. Ich habe es schon überall rumerzählt.

Ottilie:
Ich vermisse die Achtung vor dem Alter. Die Pflegekräfte nennen mich *Kleene* oder *meine Sonne*. Ich habe einen Namen.

Eva:
Nicht wir Alten sind für die Schwestern da, sondern die Schwestern für uns Alte.

Leben ist nicht genug, sagte der Schmetterling. Sonnenschein, Freiheit und eine kleine Blume muss man auch haben.

Hans Christian Andersen

Nachwort

Die Begriffe *demografischer Wandel* und *freiwilliges Engagement* gewinnen in der Diskussion über die Zukunft unserer Gesellschaft immer mehr an Bedeutung. In den letzten Jahren werden diese Begriffe jedoch zunehmend auf herausragende Merkmale reduziert. Der *demografische Wandel* steht demnach für den bedrohlichen Anstieg von hochaltrigen und unterstützungsbedürftigen Menschen und der daraus resultierenden Anforderung oder gar Überforderung unseres Sozialstaates. Freiwilliges Engagement soll in diesem Verständnis ein adäquates Mittel zur Lösung oder zumindest einer Linderung dieser Problematik darstellen.

Engagement wird häufig als *Kitt unserer Gesellschaft* bezeichnet, oftmals ist damit aber nicht die verbindende Wirkung, sondern das Auffüllen bestehender sozialstaatlicher Lücken gemeint. Freiwilliges Engagement auf das Erbringen einer gemeinwohlorientierten Leistung zu reduzieren, greift dabei aber zu kurz. Vielmehr ist es eine gestalterische und nicht zuletzt demokratische Form der Mitgestaltung unserer Gesellschaft, bei der die Kompetenz des Einzelnen im Mittelpunkt steht. Kompetenz hat dabei zwei zentrale Bedeutungen: Zum einen sind es die Fähigkeiten des Einzelnen, das hohe Maß an Lebens- und Berufserfahrungen gerade älterer Menschen, zum anderen heißt *Kompetenz* auch *Zuständigkeit des Einzelnen als Teil einer demokratischen Gesellschaft.* Freiwilliges Engagement stiftet sozialen Frieden und lässt Gesellschaft zusammenwachsen.

Das vorliegende Buch zeigt, wie lebendig und individuell Zugänge, Motivationen und Erfahrungen engagierter Menschen sein können und auch betrachtet werden müssen. Es macht auch deutlich, wie wichtig es ist, den Eigensinn und den Gestaltungswillen jedes Einzelnen zu respektieren und entsprechende Räume und Rahmenbedingungen zu schaffen, um gesellschaftliche Herausforderungen gemeinsam gestalten zu können. Es soll Mut machen, selbst aktiv zu werden, die eigenen Wünsche zu verwirklichen, das eigene Umfeld mitzugestalten und zu verändern. Die einzelnen Geschichten zeigen, dass Engagement nicht von Selbstlosigkeit, sondern von einem hohen Maß an Selbstbewusstsein geprägt ist. Genau dieses Bewusstsein wird auch in Zukunft den Seniorenbesuchsdienst *KlingelZeichen* weiter bestimmen.

Oliver Daffy, Projektkoordinator

Zeitfracht Medien GmbH
Ferdinand-Jühlke-Straße 7
99095 Erfurt, Deutschland
produktsicherheit@kolibri360.de